タブーの日本史
消された「過去」を追う

別冊宝島編集部 編

SUGOI
文庫

宝島社

はじめに

子供の頃は不思議にも思わなかった日本の昔話。しかし、そこに登場する悪者や不思議な出来事には、歴史の勝者によって貶《おとし》められた陰の存在があることに気づく。また、権力者に都合が悪いスキャンダルは、真実を歪められ、伝えられることが多い。

〝大奥〟のように、成立当初から秘密保持を義務づけられた組織もある。

本書は、そんな歴史の正統から消されてしまった存在に焦点をあて、歴史の真相を明らかにしようというものである。

いかに取り締まりを強化し、酷い拷問や弾圧を行っても、人の口には戸は立てられない。秘密はどこからか漏れるものだ。つぎはぎの情報をつなぎ合わせて見えてくるものとは?

思わず、顔を背けたくなるような凄惨で残酷な事件も多いが、我が国の歴史の負の遺産を知ることは、これからの歴史を築く上で大切なことといえるだろう。

別冊宝島編集部

もくじ

PART4 口外厳禁の大奥勤め 習慣とスキャンダル 167

本書では学術的には解明されていない通説・俗説・推論も紹介しています。また、歴史的な事件を取り上げるにあたり、当時のままの表現を用いている場合があります。

PART1

伝説の真相と歴史スキャンダル

Taboo 01

民への愛を重んじた兼続が命じた皆殺しの真実！

義の人・直江兼続が下した八王子城殲滅命令

謙信の志を継ぎ、戦国一義に篤い男といわれる兼続。しかし、主君と領国を守るためには、時に非情な皆殺しも躊躇しない怖ろしい一面もあった！

秀吉に惚れられた直江兼続

知る人ぞ知る武将であった直江兼続《かねつぐ》が今、脚光を浴びている。彼は織田信長・豊臣秀吉・徳川家康のように天下統一を目指したわけではなく、武田信玄・上杉謙信のように英雄であったわけでもない。

武士の家に生まれたとはいえ、兼続の父は坂戸《さかと》城で薪《まき》や炭の管理をしていた薪炭用人《しんたんようにん》だった。決して身分が高かったわけではない。だが、兼続は「忠臣二君に仕えず」を貫き、生涯を通じて謙信の後継である上杉景勝《かげかつ》を支えた。

実は直江兼続の幼少期の記録はほとんど残っていない。ただ、幼い頃から聡明だった彼は、長尾政景《まさかげ》の妻で上杉謙信の姉でもある仙洞院《せんとういん》に見いだされ、景勝の近習《きんじゅ》に推挙されたという。政景が亡くなると、景勝は仙洞院とともに上杉謙信の春日山城に引き取られることとなった。このとき、兼続も一緒に入城している。

美貌と才気を認められた兼続は謙信の寵愛を受け、衆道《しゅどう》（男色《なんしょく》）の相手となったとする俗説もあるが、彼が謙信のもとで近侍《きんじ》したことを示す資料はない。これは講談や講釈本におもしろおかしく書かれただけであろう。

天正10年（1582）、本能寺の変によって日本は大きく揺れる。織田信長が

写真右は春日山城の本丸跡。下は上杉景勝と直江兼続が生まれ育った坂戸城跡。

兼続の領地だった与板城下（新潟県長岡市）に立つ直江兼続銅像。

天下統一をほぼ完成した矢先に起こった反逆事件。多くの武将が混乱し、対応に苦慮したなか、的確に動いたのが豊臣秀吉だった。秀吉は信長の一家臣に過ぎなかったが、信長の後継者を名乗り、諸大名を圧倒した。このとき上杉家は秀吉からの出陣要請を受け、その期待に応えて篤い信頼を得た。

講談によると越後と越中の境にある落水城《おちみず》（新潟県糸魚川市《いといがわ》）で、景勝と兼続は初めて秀吉に謁見している。秀吉はわずかな部下とともに、突然城にやってきた。家臣たちは秀吉を殺害する絶好の機会だと景勝に進言する。景勝は兼続に目線をやると、兼続は頷いて主君の意思を皆に告げた。

「武器を持たずにやってきた者を殺しては武士の恥。上杉家は義を尊ぶ家柄である。急襲をかけるなど義が成り立たない」

こうして秀吉を手厚くもてなしたという。

このとき秀吉の側にあったのが石田三成であった。秀吉と景勝、偉大な君主の下で政務を担当する三成と兼続は強い信頼関係で結ばれる。

天正14年（1586）、秀吉に招かれ、景勝と兼続は初めての上洛を果たした。ここで、景勝は従四位下《じゅしいのげ》左近衛権少将《さこのえのごんのしょうしょう》に任じられる。公的には殿上人となり、大名の中でも高位となった。

天正16年、景勝と兼続は再度上洛した。景勝は従三位《じゅさんみ》が与えられ、ついに公卿《くぎょう》となった。兼続にも従五位下が与えられ、景勝を通してではなく、秀吉直下への仕官を打診された。ここで兼続は角が立たないように誘いを断っているが、もし受けていたなら景勝よりも多い禄高《ろくだか》を保障されていただろう。だが、兼続にとって君主とは景勝ただひとりだった。それでも秀吉は兼続を惜しみ、豊臣の姓を授けている。もはや、上杉家の家臣というより、独立した大名というべき身分であった。

八王子城1000人の大虐殺

そして、天正18年、秀吉は天下平定に向け最後の大戦に望んだ。小田原の名門・北条氏の討伐である。秀吉は全国の大名に号令をかけ、軍勢をふたつに分けた。家康と西国の大名からなる主力部隊と、前田利家《としいえ》を大将とする北国《ほっこく》部隊である。上杉軍は北国部隊に属し、景勝は副将格であった。北国部隊は前田軍1万8000を主軸に、上杉軍1万、真田軍3000など、総勢3万5000の大勢力となる。

上杉軍は2月10日に春日山城を出発し、前田軍・真田軍と合流すると、碓氷峠《うすい》を目指し、まずは北条方の松井田城を攻めた。城主・大道寺政繁《まさしげ》は籠城策を取って激しく抵抗したが、兼続は城下を焼き討ちにするなどして攻撃。激戦の末、4月に政繁は降伏した。

北国部隊は武蔵松山城（埼玉）の攻略に成功し、景勝と兼続は秀吉の命令を受け、鉢形《はちがた》城（埼玉）に向かった。だがここは、北関東の拠点となる城だけに鉄壁の守りを誇り、北国勢は苦戦する。徳川軍から派遣された本多忠勝《ただかつ》や鳥居元忠《もとただ》らの援護を受け、6月に落城させたが兼続は秀吉から厳しい叱責を受けた。

次の標的は八王子城（東京）であった。ここは小田原城の支城であり、関東西方の軍事拠点となる巨大な山城である。だが城主の北条氏照《うじてる》は小田原本城へ向かっており、豊臣本隊と戦っていた。そのため、城内は横地監物《よこちけんもつ》、狩野一庵《かのういちあん》、中山家《いえ》範《のり》の3人に率いられた兵と戦禍を避けて避難していた領内の農民・婦女子、合わせて1000人ばかりが立て籠《こ》もるのみだった。

秀吉の機嫌を損ねるわけにはいかない

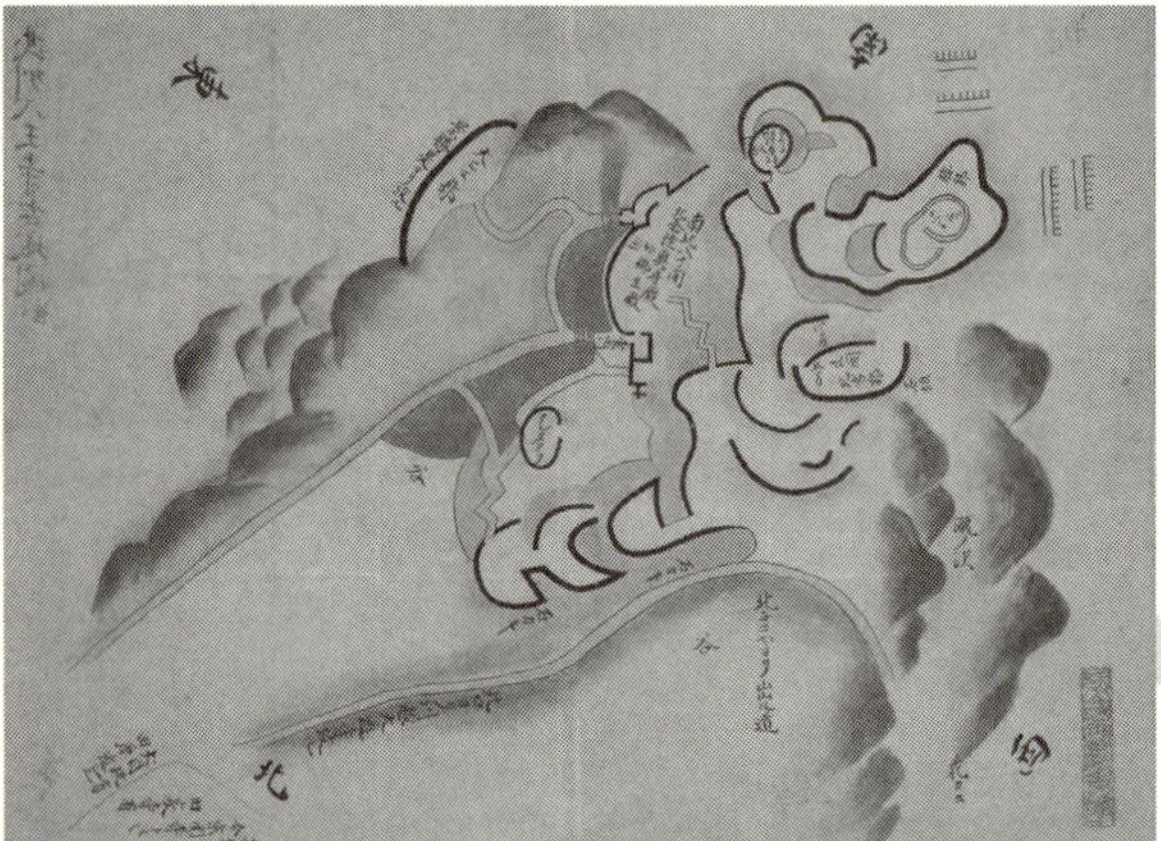

『武州八王子古城図』この図は江戸中～後期に描かれたものだが、険しい山中に築かれた城であったことがわかる。国立国会図書館所蔵

兼続は、早々に結果を出さねばならなかった。そこで、6月23日早朝、北国部隊は3万5000の兵をもって城を攻撃した。

圧倒的な兵力の差を知りながら上杉軍は猛攻を仕掛ける。八王子城はその日のうちに陥落した。籠城戦の場合、戦略として開城をうながすように交渉するものだが、八王子城の場合は北条氏への見せしめの意味もあったので降伏さえ許されなかった。

女子供を問わず虐殺、北条軍の兵は全滅した。城主や家臣の妻女、腰元たちは兵の狼藉から逃れるために滝へ飛び込み自害した。滝の水は三日三晩血で赤く染まったという。兼続が下した凄惨《せいさん》な命令は、戦力にならないとはいえ北条方の民に手心を加えることで、秀吉の勘気に触れることを恐れたためであった。

その後、徹底抗戦を主張した北条氏政《うじまさ》と氏照だが、間もなく自害。北条氏の降伏により、武田信玄・上杉謙信らの名将をしても落とせなかった戦国一の堅城・小田原城が、ついに開城することになった。

なお、八王子城跡は徳川幕府の直轄領として明治時代まで立ち入り禁止となっていた。そのため、近年まで観光地化もされず、比較的よく遺構が残っている。無辜《むこ》の民が大勢虐殺されたために関東の心霊スポットとしても有名で、城主の居住地であった御主殿《ごしゅでん》近くの滝では自害した女性の声が、観音堂には武士とその妻女たちが現れるのだという。

Taboo 02

信長の庇護から一転、秀吉・家康がキリシタンを弾圧した理由とは？

血に濡れたクルス キリシタン弾圧の悲劇

下剋上の時代、ヨーロッパからキリスト教が最先端科学とともに伝わった。その教えは当初は支配者に保護されたが、次第に弾圧の対象となっていった。

九州の大名や織田信長から保護された初期キリスト教

戦国時代真っ直中の天文18年（1549）、イエズス会の宣教師フランシスコ・ザビエルが薩摩に上陸し、島津貴久《たかひさ》の許可を受け布教活動を行った。これが、キリスト教が日本に伝わった最初とされる。その後、ザビエルは日本を離れるが、代わってコメス・ド・トレスが布教につとめ、九州に多くの支持者を得て、この地は日本のキリスト教の中心地として栄えていく。

フランシスコ・カブラルが日本宣教長の座をトレスから引き継ぐと、キリスト教は京都の実権を握った織田信長の目にとまる。一向一揆や延暦寺の反抗に手を焼いた信長は、その対抗策としてキリスト教を優遇した。また、それだけでなく宣教師がもたらす最先端の科学知識に深い興味を抱いていた。信長自身はキリシタンではなかったが、結果としてキリスト教の力強い保護者となった。

キリスト教布教の初期、パーデレ（神父）を訪れた者の中には仏教者もいた。

イエズス会の信者アルメイダ医師を訪ねてきた鹿児島の僧は、日食や潮の満ち引きなど自然現象についての質問をしたという。アルメイダ医師が証拠を示しながら詳しく説明すると納得し、非常に満足して帰ったというから、宣教師の持つ知識は日本人にとって心惹きつけられるものだったに違いない。

若き日の織田信長像。キリスト教を保護した信長は、グネッキ・ソルディ・オルガンティノに京都と安土に教会を建てることを許している。

弾圧のはじまり　考え抜かれた拷問とは？

信長の死後、キリシタンの未来には急速に暗雲がかかった。天正15年（1587）に秀吉が発令した「伴天連《ばてれん》追放令」ではキリスト教の布教が禁止され、慶長17年（1612）に江戸幕府が出した五ヵ条の条々では信仰自体が禁止された。

慶長元年の26人の聖人の殉教《じゅんきょう》をはじめ、キリシタンの迫害と殉教は激しさを増していった。それはひどく狂信的で、為政者がより苦しく残酷な殺し方を考え出す一方、キリシタンたちは身を焼く炎や血に濡れた刃を前にしていかに美しく死ぬか考え、栄光の殉教者になることだけを願った。

死を恐れないキリシタンは支配者にとって恐怖であった。慶長18年に発布された「宗門檀那請合之掟《しゅうもんだんなうけあいのおきて》」の冒頭である「死をかえりみず、火に入るもおそれず、水にいるもおぼれず、身より血を出して死をなすことを成仏と立つる」という表現には、そんな畏怖が込められている。こうしてキリスト教は「邪宗門《じゃしゅうもん》」にされたのである。

慶長19年、47名のキリシタンとその妻子らが京都の町を追放された。その中には身分の高い武士も含まれていた。

彼らは一度敦賀《つるが》に泊まり、そこからさらに北へ向かった。弘前《ひろさき》藩主は彼らに未開の地を与え、開墾に従事させている。しかし、農作業などしたことがない京育ちのキリシタンにとっては、過酷な重労働であった。その上、天候不順により、せっかく拓いた田畑からは何も収穫できなかった。

残酷なようだが、この津軽流刑は良心的な処置である。一般に行われた棄教《ききょう》の強要は苛烈さを増していき、裸のまま俵《たわら》に入れられ町中を転がされたり、女性であれば裸にして辱められたり、女郎として売られるようなことも行われた。

迫害は西南日本を中心に行われ、東北地方は寛容な風潮があったが、それもすぐになくなった。

寛永元年（１６２４）、秋田藩では佐竹義宣《よしのぶ》の家臣であるキリシタン42名が獄につながれた。15歳以下の者は罪人としない決まりであったが、河合喜右衛門の息子トオマは年齢を偽り、父とともに殉教

「二十六聖人の記念碑」（写真提供／長崎市さるく観光課）

することを望んだ。

7月になると32名の火刑が決まった。先頭を行く13歳のトオマはとても美しく、刑場へ向かう途中、彼がオラショ（祈り）を唱えるとみな続いて斉唱《せいしょう》した。刑場に着き、ひとりずつ柱に縛られ、薪に火がつけられると炎は静かにキリシタンたちを包んだ。弱められた火勢によって、生きながら焼かれる苦しみは長く続いた。

この日のことは、義宣の下で行政を担当した梅津政景《まさかげ》の日記に「きりしたん衆32人火あぶり内21人男、11人女。天気よし」とだけ記されている。

同じく寛永元年には、島原の雲仙岳《うんぜんだけ》で地獄谷の熱湯を使った処刑が行われた。硫黄《いおう》のガスが充満するなか、捕らえられたキリシタンは地獄谷の池に裸で立たされたり、断ち切られた背中の傷に熱湯をかけられたりした。煮えたぎる池に生きたまま突き落とされた者もいる。

寛永14年（1637）にはキリシタンによる最大の反乱・島原の乱が勃発した。一般にこの反乱は宗教戦争と言われるが、その原因となったのは島原半島と天草《あまくさ》諸島を支配する領主たちが農民に過酷な年貢《ねんぐ》を負担させたことにあった。

肥前《ひぜん》の島原半島はもともとキリスト教の信仰が篤い土地柄である。だが、幕府の禁教政策が始まると松倉重政《しげまさ》が新たな藩主として赴任し、厳しい弾圧を開始した。重政の急死に伴い勝家《かついえ》が跡を継ぐと、領民への年貢の取り立ては常軌を逸したものとなり、弾圧は残酷さを増した。女子供に蓑《みの》を着せ、それに火をつけてもがき苦しむ姿を「蓑踊り」と読んだり、妊婦を水牢に放置したりと残虐行為自体を楽しんでいるかのようだった。

　島原で一揆が勃発すると、呼応するかのように天草の領民が蜂起した。

　天草では16歳の少年・天草四郎を総大将に立て、天草支配の要である富岡城を攻撃した。一揆軍は富岡城代・三宅重利《みやけしげとし》を討ち取り、落城寸前まで追いつめたが、九州諸藩の応援軍が到着したことを知ると城を撤退。天草と島原の一揆軍は合流して島原城を攻めた。しかし、守りが堅い城だけに攻略できず、3万7000の一揆軍は廃城となっていた原《はら》城に立て籠《こ》もった。

雲仙普賢岳。日本最大のキリシタン一揆・島原の乱が起こった場所としても知られる。

九州諸藩は一揆勃発の報を聞くと、すぐに豊後府内目付《ぶんごふないめつけ》に使いを送り指示を仰いでいる。武家諸法度《ぶけしょはっと》には近隣でどんな事態が発生しても、江戸の許可なく兵を出すことは禁止されていたからである。

戦国時代から九州はキリスト教が盛んな地域である。諸藩は藩内の転びキリシタンたちが反乱に加勢することを恐れた。特に島原の乱はキリシタンによるものだったので、九州全土に飛び火する可能性があったのだ。

松倉勝家は一揆の原因が〝領民への過剰な税の取り立て〟という自らの失策にあるとは認めず、幕府には〝キリシタンによる暴動〟だと報告した。

幕府は一揆軍の兵糧《ひょうろう》が少ないことを確認すると、城を包囲して兵糧攻めにした。弱ったところに海と陸から砲撃を行い、一揆軍を全滅させた。助かったのは内通者ただひとりであったという。

なお、幕府は一揆の原因となった勝家を改易《かいえき》し、島原藩は遠江《とおとうみ》国松前藩の高力忠房《こうりきただふさ》が継ぐことになった。さらに、勝家の非道が明るみに出ると、幕府は彼を斬首《ざんしゅ》に処し、松倉家は断絶した。

明治政府による弾圧

明治時代になると、キリシタンの扱いはもっと酷いものとなった。新政府には神道学者が多くいたこともあり、キリスト教の禁制は解かれるどころか、容赦ない弾圧が加えられたのだ。

明治2年（1869）、木戸孝允《たかよし》の案によって、大規模なキリシタン粛清が実行された。キリシタン活動の中心人物を長崎で処罰し、残りの3000人は尾張藩から西の藩に流罪とし、その生殺与奪の権は藩主に委ねるというのである。

信者を任された各藩が取った政策にはかなり差があり、鹿児島藩は比較的寛大であったが、福岡藩ではひどい虐待が行われていた。

隠れキリシタンたちにも拷問が加えられた。

長崎の五島列島・久賀島では大勢を一気に拷問にかけるには狭い部屋へ押し込むのがもっとも手っ取り早い、とばかりにたった6坪の牢舎に200人が閉じ込められた。食事はろくに与えられず、体力のない老人や子供はあっという間に死んでいった。牢内には便所がないので垂れ流しである。その不衛生さは言葉に尽くせない。すぐに蛆《うじ》虫《むし》がわき、生きたまま肉を囓《かじ》られた。この拷問は8ヵ月も続き、解放された時、全員の頭髪は抜け落ちていたという。

明治政府のキリシタン弾圧は国際問題になり始めていた。各国と有利に交渉を進めるには信仰の自由を認めるしかない。

明治6年（1873）、政府はついにキリシタン禁制を解いたのだった。

Taboo 03

ありがたい仏教の教えか、呪いを込めた歌か⁉

咎なくて死す！
いろは歌に込められた呪詛

いろは歌に込められた不吉な陰。この歌には不幸な死を遂げた人物の恨みが込められているのか？　作者をめぐる千年にわたる論争をひもとく！

いろは歌の謎

「いろは歌」とは音の異なる清音の仮名《かな》47文字を、一文字も重複させずに読み込んだ手習歌のひとつである。一般には涅槃経《ねはんぎょう》にある「諸行無常　是生滅法　生滅滅已　寂滅為楽」の教えを和訳した、仏教の教えを説く歌といわれている。

いろはにほへとちりぬるを　　香りよく咲き誇る花も散ってしまう

わかよたれそつねならむ
うゐのおくやまけふこえて
あさきゆめみしゑひもせす

この世に永遠のものなどありはしない
迷い多く悲しい奥山を越えて行こう
人生の儚い栄華に酔わないように

「涅槃図」奥村政信画、江戸中期。国立国会図書館所蔵

この歌がいつ、誰によって作られたかはわかっていない。伝承によると、作者は空海であるという。この説は大江匡房《まさふさ》による『江談抄《ごうだんしょう》』にも見られ、平安後期にはすでに膾炙《かいしゃ》していたらしい。

空海説が広まった理由は、歌人としても有名で、留学先の唐からも絶賛された空海ほどの才覚があれば、仮名を重複せずに全部使い、さらに仏教観を歌にする

こともできたであろうという曖昧《あいまい》なものだ。当然、現在ではこの説はほぼ否定され、国語学的な見地から歌の成立は平安中期頃とされている。

折句になった暗号、いろは歌は不吉？

和歌であれば五七五のリズムで区切るところだが、「いろは歌」は今様《いまよう》の形式で詠まれている。なお、日本最古の「いろは歌」は『金光明最勝王経音義《こんこうみょうさいしょうおうぎょうおんぎ》』（承暦3年・1079）という仏教の解説書の冒頭に記されているが、そこでは「いろは歌」は7音で区切られている。

いろはにほへと
ちりぬるをわか
よたれそつねな
らむうゐのおく
やまけふこえて
あさきゆめみし
ゑひもせす

この下の文字だけを読むと「とかなくてしす（咎《とが》なくて死す）」つまり「罪がないまま死ぬ」となるのである。

このことは昔から知られていて、江戸時代の国語辞書『和訓栞《わくんのしをり》』（安永6〜明治20年・1777〜1887）の大綱にも記されている。

学者たちは「単なる偶然」と片付けたが、それにしてはあまりにも出来過ぎている。

国学者の黒川春村《はるむら》は『碩鼠漫筆《せきそまんぴつ》』（安政6年・1859）で「諸行無常を詠み、手習いとしても広まっているいろは歌に、忌まわしい言葉が含まれているのはよくないことだ」と嘆き、儒学者の貝原益軒《かいばらえきけん》も子供の手習いには「あいうえお」を勧め、「いろは歌」を「益なき」と切り捨てている。

深く立ち入ろうとはしないが、学者たちも「いろは歌」に不吉なものを感じていたのだろう。

恨みを呑んで死んだ歌人の手によるものか？

だが、この暗号のような言葉は、多くの人の好奇心をかき立てた。そして、作者を見つけようとさまざまな説を打ち立てたのである。

強大な権力によって、罪なくして殺されたであろう歌人。もしくは才能に溢れ、秀でた芸をもった貴人。

たとえば、小野篁《たかむら》。

彼は空海と同時期の学者詩人であり、天皇からの期待も大きい高級官僚だった。だが、直情型の彼は藤原氏の横暴に腹を立て、職務拒否の上に朝廷を批判する詩を書いて流刑にされた。

篁には不思議な伝説が多く、昼は朝廷で官吏を、夜は地獄で閻魔《えんま》大王の補佐をしていたという。天才でありながら、権力を恐れずに対峙した彼は後世の人気が高い。しかし、篁はのちに朝廷に呼び戻され、官吏として復位していることから、呪詛《じゅそ》の歌を作るほど冷遇されたとはいえない。

または、菅原道真《みちざね》。彼も詩人として名高く、学者としては異例の出世を遂げて右大臣の地位まで上り詰めた。しかし、優秀すぎたために藤原時平《ときひら》に妬まれ、讒言《ざんげん》により

「皇国二十四功 贈正一位菅原道真公」
国立国会図書館所蔵

大宰府《だざいふ》に流される。絶望と憤怒《ふんぬ》の中で死んだ道真は雷神となって都に祟ったとされるが、九州への左遷を「咎なくて死す」と表現するものだろうか。間接的に殺されたとはいえるかもしれないが…。

実は他にも聖徳太子説、橘逸勢《はやなり》説、醍醐《だいご》天皇の皇子・兼明親王《かねあきらしんのう》説などの奇説もある。これらの人々に共通するのは不遇であったり伝説的であったりと、どこか判官《はんがん》びいきめいた気持ちをそそられる点であろう。

一説によると、柿本人麻呂が作者だともいわれる。

彼は「歌聖」と称され、万葉の頃の宮廷歌人として朝廷に仕えた。『古今和歌集』（延喜5年・905）の真名序には五位以上、仮名序には正三位《しょうさんみ》であったと推測される表記があり、高級官僚であったらしい。

だが、彼について史書には記載がなく、その死は刑死であったのではないかといわれている。そのため、定説とされる時代よりさかのぼるが、この説を支持する人も多い。

今なお謎に満ちた「いろは歌」。これらの伝説は「いろは歌」の完成度が高すぎるゆえに生まれたものといえよう。後の人々は、歴史の陰に埋もれ、罪なくして死んでいった無数の怨念《おんねん》をこの歌に見たのである。

Taboo 04

安倍晴明が活躍した時代から現代に受け継がれる呪いの実態！

呪いと式神！継承された陰陽師の霊力

魑魅魍魎の存在を怖れ、呪いに怯えながら暮らしたのは、平安時代の人々だけではない。今なお続く、闇の系譜。陰陽師の末裔たちの恐るべき霊力とは？

歴史のなかの陰陽師

古代中国の自然哲学である陰陽五行説《いんようごぎょうせつ》が日本に伝わったのは、5、6世紀頃だといわれる。『日本書紀』には「陰陽寮《おんようのつかさ》」の名がすでに見え、そこでは天体の観測や暦の作成が行われていた。

陰陽道《おんみょうどう》が呪術的な色合いを強めていくのは平安時代に入ってからである。宮廷の儀式や祭祀を取り扱う陰陽師《おんみょうじ》の発言は重要性を増していく。天変地異や疫《えき》病《びょう》などの大きな災厄はもちろん、日常に起こった小さな災異すら何者かからの呪《のろ》いではないかと疑う公家や貴族たちにとって、陰陽師が指示する災いを祓《はら》うための方法は生活を左右するほどの影響力があった。

10世紀になると、才能豊かな陰陽師が次々と現れた。まず、賀茂忠行《かものただゆき》の登場は陰陽寮のあり方を大きく変えた。それまで天文・暦・陰陽と専門家によって分業されていたものが、ひとりに任せられるようになったからである。その子・保憲《やすのり》も修行をする前から鬼を見る能力を見せ、のちに従四位上《じゅしいのじょう》に叙せられ父以上の出世を遂げた。

賀茂父子により、陰陽師は世襲制がとられるようになる。

「安倍晴明降魔調伏の図」怨霊や物の怪を調伏する安倍晴明を描く。晴明の背後にいるのは、怨霊ではなく晴明が用いた式神。阿倍王子神社所蔵

そして、陰陽道史上、最高の能力者・安倍晴明《せいめい》が登場する。

彼は賀茂忠行を師に、保憲を兄弟子に持ち、幼いときから才能を開花させた。

『今昔物語集』には、忠行が内《だい》裏《り》から帰る途中、供についていた幼少の晴明が百鬼夜行《ひゃっきやぎょう》に気づき、牛車《ぎっしゃ》のなかの忠行に伝えたため、ふたりが難を逃れた話が載っている。それ以来、忠行は晴明に自分の持つ陰陽道のすべてを教えたという。

晴明は貴族たちから絶大な信頼を受け、特に時の為政者・藤原道長《みちなが》に重用されたことは有名である。

「安倍泰成調伏妖怪図」美女に化けて数々の悪行を重ねてきた九尾の老狐だったが、皇道を妨げようとしたところを安倍の泰成に見破られて調伏された。国立国会図書館所蔵

賀茂家を継いだ保憲は、実子・栄光《みつよし》に暦道を、晴明には天文道を伝えている。これによって賀茂家と安倍家とで陰陽道を二分する基礎ができた。

なお、土御門《つちみかど》家は晴明の子孫・安倍有世《ありよ》を祖としており、陰陽師が初めて公家の地位に就いた家柄として有名である。

一方で、陰陽師は基本的に陰陽寮に属する公人だが、同様の能力を持ったヤミの陰陽師もいた。晴明に勝負を挑んだことで知られる芦屋道満《あしやどうまん》（道摩《どうま》）がその代表格であろう。『宇治拾遺物語《うじしゅういものがたり》』や『十訓抄《じっきんしょう》』には次のような話が載っている。

堀川左大臣・顕光《あきみつ》の依頼を受けた道満が、道長に呪いをかけようとしたところ、道長の愛犬が激しく吠えたてて主人になにごとか異常を知らせた。道長はすぐに晴明を呼び、事の真相を判じさせた。晴明は周到に用意された呪法に気づき、式神《しきがみ》を飛ばして術師のところに案内させ、事件が発覚した。道満は播磨《はりま》に流罪となったという。

陰陽師は人の依頼によって呪詛《じゅそ》を行い、それは命を奪うことができるほど強力なものだった。だが、それを見破り、呪詛を払い返す術を持った陰陽師もいる。

要するに、彼らは呪術を使って、貴族たちの代理戦争を行っていたのだ。

人を呪うと墓はふたつ必要!?

昔から「人を呪わば穴ふたつ」という。この「穴」は墓穴のことで、人を呪えば自分もその報いを必ず受けることを諭《さと》した言葉なのだ。

もちろん陰陽師だけが呪いの風に吹かれるのではない。それを依頼した者も同様である。

自分が呪詛を受けていると言われれば、誰でもたいていの場合、内心では犯人を特定している。それは呪詛を受ける心当たりがあるからである。心当たりがなくても、陰陽師が告げる人物像に近い人物を思い描き、その人との諍《いさか》いを思い出すことで自分を納得させるだろう。つまり、人なら必ず持つ嫉妬や羨望《せんぼう》といった負の感情を恐れる気持ちこそ「呪詛」の正体なのだ。

もちろん気づかないうちに負の感情を受けていることもある。政略によって人を出し抜き、常に出世を願った平安貴族たちはそれを恐れていた。そのため日常で起こる小さな異変を呪詛の予兆と意味づけ、そばに置いた陰陽師に呪いを返してもらうことで安心したのである。

現代の陰陽師

それでは「呪詛」とはただの迷信に過ぎないのだろうか?

高知県香美郡物部村《かみぐんものべむら》には、陰陽道の伝統を受け継ぐ「太夫《たゆう》」と呼ばれる宗教者がいるという。

彼らは「いざなぎ流」という宗教に携わり、人の依頼を受けて祭祀や儀礼を行う。「いざなぎ流」の成立について詳しいことはわかっていないが、五行祭や荒神鎮めなど陰陽五行説に基づく儀式を行うことからその根幹に陰陽道があることは間違いない。

太夫たちは祈祷によって、病院でも治せなかった病を治してくれるといわれている。それは、「呪詛の祝直し」といい、何者かからかけられた呪詛を遠くに祓ってしまうものらしい。

また、彼らはいにしえの陰陽師と同等の呪法を極めているとされるが、それが公に出ることはない。

ただ、物部村では、今でも太夫たちが村人の信仰を集め、頼りにされていることは事実なのである。

Taboo 05

老いた秀吉がもたらした悲劇の実態とは？

『朝鮮日々記』から見る狂気の朝鮮侵攻

千利休の切腹に始まる秀吉の蛮行。なかでも、朝鮮出兵は味方をも苦しめ、得るもののない悲惨な結末を迎えた。その戦慄の記録をひもとく！

秀吉の妄執か政策か

2度にわたる朝鮮出兵は秀吉の歴史的評価を著しく下げる。この無謀ともいえる侵略の理由ははっきりしていない。ただ、千利休に切腹命令を出した頃から歯車が狂いだし、高齢で得た愛児・鶴丸を3歳で亡くすなどの不幸に見舞われると、さらに狂気に駆られていったようである。

甥の秀次《ひでつぐ》を切腹させた一件も、若き日の秀吉なら考えられない出来事だ。鶴丸の死後、秀次を養子に迎えた秀吉だが、実子・秀頼《ひでより》が生まれると途端に疎ましく思うようになった。文禄4年（1595）には秀次に謀反《むほん》の疑いをかけ、高野山へ追放。秀次を切腹させたあとは、女子供であろうと容赦せず、秀次一族と愛妾らを粛清した。

織田信長の家臣時代も、一向一揆の殲滅《せんめつ》や毛利氏への見せしめに女子供まで虐殺するなどの行為を行っていた。そもそも彼が籠城戦を得意としたのは、「戦わずして勝つ」という効果を見越したからであった。徹底した兵糧《ひょうろう》攻めで時に生き地獄を敵に味合わせた秀吉だが、自分の軍を損なうことなく敵が自滅するのを待つ作戦は、味方の将兵からすれば、残忍どころかなんとも頼

女と酒に溺れ、奇行が目立ったとされる秀次だが、これは後年の脚色で、実際は文武に秀でた人物であったらしい。写真の京都の三条河原で処刑された一族には、嫁いだばかりの最上義光の娘・駒姫もいた。駒姫が上洛したときにちょうど事件が起こり、結局、秀次とは対面を果たさないまま、側室として殺された。（写真提供／国立国会図書館）

もしい大将と感じられたはずだ。

そんな秀吉だからこそ、朝鮮出兵は政策上の必要に駆られてという者もいる。関白になった頃、秀吉は「明《みん》を征服し、日本の領土をインドやフィリピンまで広げる」と明言している。足軽から出世した稀代《きだい》の男ではあったが、これには誰もが唖然とした。だが、秀吉は家臣に領地を与える政策で全国統一を果たしている。それが成し遂げられた以上、海外まで領土を広げなければ豊臣政権を維持できなかったというのだ。

日本兵を苦しめた寒さ

理由ははっきりしないが、とにかく、文禄元年（1592）3月、秀吉が16万の兵を朝鮮へ派遣したことは事実である。

大名たちには兵や食糧の献上が申し渡された。それは領国の維持に支障をきたすほどであった。しかし、秀吉の支配によって国内が安定し、領土保全がなされた以上、兵を動員できるはずという建前がある。大名たちは領国の不安を抱えながら兵を出し、その一方で明に広大な領国ができることを期待していた。

当初、日本軍は連戦連勝を重ねていた。この時代、日本軍の強さは圧倒的であった。朝鮮では200年も平和な時代が続き、武官より文官が優遇される政策がとられていた。だが、日本は乱世が続いていたため、兵が戦争に慣れており、実戦ですぐに使

うことができた。さらに日本軍は改良された鉄砲が大量生産され、武器の面でも有利であった。

事実、日本軍は釜山《プサン》に上陸すると1ヵ月もしないうちに首都・漢城《はんじょう》を占領し、さらに6月には平壌《ピョンヤン》を陥落させている。しかし、6月に明の援軍が到着し、朝鮮義兵が決起すると戦況は膠着《こうちゃく》する。

兵は強くても、作戦があまりにも杜撰《ずさん》だった。なんといっても、最高責任者である秀吉は日本にいるのである。

石田三成は兵の士気を上げるため、秀吉の渡海を強く要請し、秀吉自身もそのつもりでいたが、徳川家康と前田利家《としいえ》は強硬に反対した。秋になると海は荒れる。秀吉に何かあっては日本が危険にさらされると進言し、渡海は3月まで延期になった。

さらに日本兵を苦しめたのは兵糧不足と冬の寒さであった。兵は防寒具など用意していない。冬になれば気温は氷点下まで下がり、川が分厚い氷で覆われる朝鮮半島北部を草鞋《わらじ》で踏破しなければならないのだ。

この情報不足は致命的で、凍傷のため耳や手足の指を失う兵が続出した。予想外の寒さによって鉄砲隊も使えない。結局、明と講和交渉に臨むことになるのだが、それまでに出た日本軍の被害は惨憺《さんたん》たるものだった。全体で約3割、具体的には加藤清正は約半分、鍋島直茂《なおしげ》は4割近くの兵を失った。

秀吉は「明の皇女を天皇に嫁がせる」「明との貿易を復活させる」「朝鮮南四道を譲渡すること」「朝鮮の王子および大臣を人質とする」など、日本にとって都合のいい7つの条件を並べて石田三成・小西行長らを明に送った。しかし、彼らは秀吉の許可なく降伏文書を偽造し、明との講和交渉にあたった。

当然、明は秀吉が期待していた降伏状などおくるはずはない。7つの条件も完全に無視され、交渉は決裂。激怒した秀吉は第2次朝鮮侵攻である「慶長の役《えき》」を決意する。この交渉中、大被害を受けた朝鮮に発言権はまったくなかった。

『朝鮮日々記』に記された鼻切り

慶長2年（1597）2月、秀吉は再び14万の軍を朝鮮に出兵させた。

この戦いに従軍したひとりに慶念《きょうねん》という僧侶がいた。彼は当時60歳を過ぎた高齢であったが、軍目付《いくさめつけ》・太田一吉《かずよし》の要請を受け医僧として戦場をめぐった。自身も飢餓《きが》に苦しみながら戦場での出来事を歌に託した日記が『朝鮮日々記《ちょうせんにちにちき》』である。

日本兵が行った残虐行為のなかで有名なのが「鼻切り」であろう。日本では戦国時代から始まり、慶長の役では徹底した虐殺と鼻切りが行われている。

秀吉自身も小早川秀秋《ひであき》の出陣時に、「朝鮮人を皆殺しにして朝鮮を空き地とせよ。朝鮮人の鼻を割《さ》いて首の代わりとせよ」と命令を下している。

戦地では大名とその家臣に鼻切りが強制された。家臣たちは集めた鼻を大名に差し出し、鼻請取状《はなうけとりじょう》をもらう。数が多ければ多いほど戦

慶長の役・参加武将

一・二番隊	小西行長・加藤清正
三番隊	黒田長政・毛利吉成・島津豊久・高橋元種・秋月種長・伊東祐兵・相良長毎
四番隊	鍋島直茂・鍋島勝茂
五番隊	島津義弘
六番隊	長宗我部元親・藤堂高虎・池田秀氏・来島通総・中川秀成・菅達長
七番隊	蜂須賀家政・生駒一正・脇坂安治
八番隊	毛利秀元・宇喜多秀家
釜山浦城	小早川秋秀
安骨浦城	立花宗茂
加徳城	高橋直次 等
竹島城	小早川秀包
西生浦城	浅野幸長
合計	141,390人

功があったと見なされ、知行が増えた。大名はその鼻を軍目付に渡して鼻請取状を受け取る。これが大名家の戦功である。

加藤清正は部下ひとりに対して鼻3つを取るように命じていた。日本兵はとにかく切った鼻があればいいということで、一般人であっても容赦せずに鼻を削《そ》いだ。それは女性に対しても同じである。老若男女を問わず、僧侶であろうと関係はなかった。

日本で行われた鼻切りとの大きな違いは生きている者の鼻まで削いだことであろう。朝鮮では日本軍が撤退した後も数十年は鼻がない者が非常に多く見られたという。

こうして集められた鼻は塩漬けにされて、桶や壺に詰めて日本の秀吉の元に送られた。

また、日本人による人買いも頻繁に行われていた。

首の代わりに持ち帰った鼻や耳を埋葬、供養したといわれる京都の耳塚。

『朝鮮日々記』には「日本から来たたくさんの商人の中には人を買うものもいた。老若男女を問わず買い取り、首に縄をくくり付け、歩くのが遅ければ杖で追い立てて走らせる。それは地獄の鬼が罪人を責めるようであった」と記されている。

商人に買われた朝鮮人捕虜は、長崎にあった奴隷市場でポルトガル商人に売られ、ヨーロッパなどに連れて行かれた。なお、大名が日本に連れ帰った捕虜もいて、彼らは農耕奴隷として酷使される運命にあった。

捕虜の中には陶工も含まれており、彼らによって焼き物の技術が日本中に広まった。有名な有田焼や薩摩焼、萩焼などの基本はこのとき伝えられたものであるが、この事実はあまり知られていない。

慶長３年（１５９８）８月18日、慶長の役のさなか、秀吉は伏見城で死去する。家康たち五大老・五奉行は秀吉の死を隠したまま諸大名に撤退命令を出した。帰国を聞いた日本兵は狂喜したという。

虐殺を行った日本兵さえ帰りたがっていたという事実……小西行長や島津義弘《よしひろ》ら朝鮮での中心部隊が撤退したことにより、この戦乱は集結する。朝鮮の人口は激減し、国土は甚《はなは》だしく疲弊した。明もまた国力を失い、新興の後金《こうきん》（後の清）に破れる。当の豊臣政権も大名たちの信用を失ったことで崩壊を早めた。秀吉の朝鮮出兵は各国に深い傷跡を残しただけの、大いなる徒労であった。

Taboo 06

時に歴史を変化させるほどの脅威となった感染症とは？

原因不明の奇病発生！逃げられぬ風土病の恐怖

医学が未発達の時代、人から人へ次々と患者を増やした風土病。原因も、治療法もわからず、人々が神の祟り、悪魔のしわざと恐怖した歴史をひもとく。

畳半畳に肥大した睾丸

葛飾北斎の浮世絵に「大睾丸《だいこうがん》の図」がある。これは、男ふたりが天秤棒を担いでおり、後ろの男がそのなかに巨大に膨れ上がった睾丸をおさめて歩いているというもの。なんとも滑稽《こっけい》な図であるが、実は現実にこのようなことはあったのだ。

原因はバンクロフト糸状虫という寄生虫で、フィラリアの一種である。人体のリンパ腺に寄生し、10センチメートルにも成長する。感染経路は蚊で、発症すると「草ふるい」という熱発作を頻繁に起こし、手足が腫《は》れて象皮病《ぞうひびょう》になる。そして、尿がにごり、血が混じるようになる。こうなると尿道が閉鎖して、何日も排尿できずに大変な苦しみを味わうことになる。

この病気は特に南九州で多く発見されている。なかでも奄美《あまみ》、沖縄など南西諸島では、住人の4割が原因となる虫を持っていたという。

北斎の絵のように睾丸が大きく膨れるのは、中に何リットルもの水が溜まった上に皮膚がぶ厚く硬化しているからである。女性がこの病気にかかると、陰部が膨れるだけでなく、乳房が膝に届くほど垂れ下がることもある。

また、八丈島の近くにある八丈小島《はちじょうこじま》には古くからバクと呼ばれる地方病があった。青年期になるとたびたび熱の発作を起こし、手足が腫れて象の皮のようになる。昭和23年の調査で原因はマレー糸状虫であることがわかったが、この病は日本では八丈小島だけで、当時の島の住人のほぼ全員が保虫者であったという。

水中の悪魔

弘化4年（1847）、広島県の芦田川《あしだがわ》と高屋川《たかやがわ》が合流するあたりで、奇病としかいえない病が蔓延した。地名を取って「片山病」という。

春から夏にかけて、農民が耕作のため田に入るとふくらはぎに発疹ができるのである。それは非常にかゆく、寝ることさえできない。下痢《げり》や嘔吐《おうと》を繰り返し、しばらくすると手足は骨と皮ばかりにげっそりと痩《や》せてしまうのに、腹部だけは異常に膨れる。血や膿《うみ》を流す者もいる。そして、足にむくみが出る頃には死に至るのである。

患者は体力のある者でも病が重ければ助からず、牛馬も倒れた。

実は同様の病気は山梨県にもあった。こちらは「水腫脹満《すいしゅちょうまん》」と呼ばれ、年齢にかかわりなく腹に水が溜まって膨れあがり、手足は細く萎びてしまう。こうなると、死を待つしかないという。

この病気は住血吸虫によるもので、人の門脈血管に寄生する。ミヤイリガイという巻貝の中にいるセルカリアが人の皮膚から侵入して起こるのだが、原因となるミヤイリガイが水田にいたため感染は拡大した。

大正2年（1913）、感染経路が解明したが、水田や用水路に素足で入らないことが唯一の予防法だった。治療法も研究されたが、副作用の危険があった。そのため、用水路の工事や殺貝剤の散布によってミヤイリガイの根絶が進められた。

最終的に病の終息宣言がなされたのは、平成12年（2000）のことだった。

ツツガムシの恐怖

雄物川《おものがわ》、最上川、阿賀野川、信濃川。夏、この4つの河畔の草むらに入ると不思議な熱病にかかるという話が昔から伝わっていた。

突然高熱が出たかと思ったら、全身に赤い発疹が現れて意識の混濁がはじまる。この発疹が紫色に変わるともう助からず、10人中4、5人は数週間のうちに息を引き取るという。一命を取り留めても衰弱は激しく、半年間は満足に動けなかった。

この病気は新潟では「ツツガムシ病」と呼ばれ、秋田、山形では「ケダニ」という。山形県には「毛谷大明神」や「恙虫《つつがむし》明神」、秋田県には「けだに地蔵」が祀られている。人々がいかにその災厄を恐れ、身を守ろうとしたかがわかる。

原因となるのはツツガムシ（ケダニ）の幼虫である。これが人をさして感染が始まることは知られていたが、治療法が確立するまでには時間がかかり、第二次大戦後になってようやくクロロマイセチンやテラマイシンが使われるようになった。

それ以前は、ツツガムシが発生する草原に入らないという予防しかなかった。だが、貧しい農民は食べるために危険を承知で畑に出るしかない。致死率30～50パーセント、生きるための行動が死を招きかねないとは皮肉なものである。

ちなみに、聖徳太子が隋《ずい》へ送った手紙にも書かれた「恙《つつ》がなきや」（お元気ですか？）という安否を気遣う常套句《じょうとうく》は、この病気が語源ではない。「恙」はもともと障《さわ》りがある、病気になるという意味があり、これが後の時代になって正体不明の病につけられたのである。

歴史を変えた天然痘の世界的流行

これらは特定の地域でのみ流行した「風土病」だが、それ以上に人々を恐怖させた病に、日本全土で猛威をふるった伝染病〝天然痘〟がある。

天然痘は感染力も、致死率もかなり高い伝染病で、もともとは中央アフリカかインドの風土病だったが、シルクロードによる交易の発達により世界中に広まった。日本へは朝鮮半島経由で、仏教伝来の頃に伝わったとされている。

『日本書紀』には敏達《びだつ》天皇（推古《すいこ》天皇の夫）や用明《ようめい》天皇（聖徳太子の父）が、「瘡《かさ》」という病にかかり崩御したと記されている。天然痘になると皮膚に膿疱《のうほう》（水疱が化膿したもの）ができ、たとえ治癒してもそのあとはアバタとなって残る。そこから天然痘を「瘡」と言ったとみられている。

天然痘により多くの民も被害にあったが、それと同時に蘇我氏と物部氏という二大勢力の衝突や天災が相次ぎ、政情は不安定なものとなった。そこに女帝・推古天皇が聖徳太子を摂政に据えて即位するのである。

その後も天然痘は数百年単位のサイクルで流行を繰り返した。奈良時代には、藤原不比等《ふひと》の子で、一族繁栄の礎を築いた藤原四兄弟が相次いでこの病に斃《たお》れた。聖武天皇が大仏を造らせたのは、天然痘を怨霊のしわざと考え、荒ぶる魂を鎮めるためである。平安末期の平清盛、江戸中期の徳川吉宗も一説には天然痘が死因とされる。

天然痘は、大航海時代にはヨーロッパからアメリカに伝わり、免疫のない先住民の間で大流行した。スペイン人がわずかな兵力でアステカやインカ帝国を滅亡に追い込めたのは、病で人口が激減し抵抗できなかったからだとされている。

しかし、18世紀にようやくワクチンが開発される。その後、WHOのスタッフが世界中を回ってワクチンを摂取した結果、ついに感染症で唯一、根絶に成功した。

現代では治療法が確立されている病気も、昔は原因もわからず、人々は怨霊のしわざや祟りだと信じ込んだ。そのため、人々は神にすがり、さらには運命とあきらめ、寿命が短くなることとさえ観念して暮らすよりなかったのである。

天然痘除けになると信じられた源為朝の画。為朝は八丈島に流刑となったが、島にはなぜか天然痘が広まらなかったことから、御利益があると考えられた。
『新形三十六怪撰 為朝の武威痘鬼神を退くの図』
国立国会図書館所蔵

Taboo 07

いまだ謎も多い極秘組織が行った戦慄の生体実験とは？

闇の細菌研究施設731部隊 石井四郎の野望

日中戦争から太平洋戦争中に発足した731部隊。捕虜に対して生体実験を行ったとされるが、今なお謎が多いこの部隊の設立から解体までの活動に迫る！

マッド・サイエンティストの誕生

昭和56年（1981）、作家・森村誠一が『悪魔の飽食』を発表したことで「731部隊」の名は日本中に広まった。第2次世界大戦中、作中で日本軍が中国人に行ったとされる生体実験は「生きたまま全身の血を抜き取る」「人を真空室に入れ、口や肛門から内臓が飛び出す様子を記録する」など衝撃的なものであった。その非道な実験は人の想像力をはるかに超えており、アジアのアウシュビッツと呼ばれた。

だが、科学的に疑問の残る実験内容や部隊とは関係のない写真が生体実験の証拠として掲載されたことにより、「731部隊」の真実はさらに謎を深めていく。満州で何が行われていたかを関係者が語ることは、かたく禁じられていたという。

731部隊関係者は捕虜になってはならない。日本に帰り着いたら、その秘密は墓まで持って行け——そう命令を下したのは石井四郎という男であった。彼こそ「731部隊」の提唱者であり、初代部隊長である。

明治以降、日本の国家政策は「殖産《しょくさん》興業」と「富国強兵」を中心に行われていた。

明治27年（1894）の日清戦争、明治37年の日露戦争で強国に勝利した日本は、朝鮮の軍事支配を確実にするとともに、ロシアから南満州鉄道を奪い、中国大陸侵略の足がかりをつくることに成功する。

だが、その戦争の裏では、戦死者よりも戦場で発生した伝染病による死者のほうが多いという事実があった。日清戦争ではコレラやマラリアが蔓延し、病死者は戦死者の10倍にものぼったという。

旧彦根井伊藩邸に置かれた陸軍参謀本部。
（写真提供／国立国会図書館）

病気が発生する理由は、戦場での飲料水が確保できなかったからであった。当時は伝染病の予防法も治療法もほとんど確立されておらず、病原菌に汚染された水が原因とわかっていても対処法がなかったのだ。発症すれば入院することになるが、そこで治療を受けられるわけでもなく、静かに横たわり死を待つしかなかった。

陸軍軍医学校防疫部ではチフスやコレラなどのワクチンの大量生産を計画していた。それと同時に細菌をろ過し、安心して飲める水を供給する方法を模索していた。その研究の中心人物が石井四郎である。

石井は浄水装置の研究に力をそそいだ。彼は京都帝国大学医学部から陸軍軍医学校に合格したエリートである。石井は汚水を装置に通してろ過し、参謀本部の前で飲んでみせ、その性能を知らしめた。戦地への飲料水の大量供給を可能にして実績をつくると、石井はある計画を実行すべく動き出した。

731部隊の編成と研究所の設立

野心家の石井は軍医が戦功を上げるにはどうしたらいいかを常に考えていた。そのきっかけになったのが「ジュネーブ議定書」（1925締結）である。

これは戦争での毒ガスと生物兵器の使用を禁じる内容であった。1914年に始まった第1次世界大戦で初めて使われた毒ガスは、7万3000人もの命を奪った。さらにドイツが微生物の研究を進めていることが公になると、兵器への転用を恐れた諸国はその使用も禁止した。各国は新兵器の使用をめぐってけん制し合い、22ヵ国がこの議定書を批准《ひじゅん》している。

しかし、石井は「使用を禁止しなければならないほど大量殺人が可能な兵器を使わない手はない」と逆の発想をした。ちなみに日本はジュネーブ会議に参加はしているが、その内容を承諾してはいない。

昭和3年（1928）、石井は2年間の世界旅行に出ている。訪れたのはヨーロッパ、アメリカ、ソビエト連邦などで、ジュネーブ議定書の批准国を中心に選ばれていた。生物兵器なら資源が乏しい日本でも研究ができる。このときから石井のなかに生物戦というアイデアが膨らみ始めた。

そして、時代は石井に味方した。昭和6年（1931）、満州事変が勃発したのだ。勢いに乗った日本はたった5ヵ月で満州を占領している。

翌年には石井が開発した浄水装置が認められ、軍医学校防疫部内に「防疫研究室」がつくられた。これは彼が構想していた生物兵器研究の専門機関である。

関東軍防疫給水部本部、またの名を陸軍軍医学校防疫研究室。それが「731部隊」の正式名称である。名前の通り、表向きは戦地での伝染病の予防と最前線への給水を行う。だが、実際の任務は生物兵器の研究・開発を行うための特殊部隊であった。

本部設立には辺境の平房《ピンファン》が選ばれた。これはジュネーブ議定書で禁止されている生物兵器の研究を行うにあたり、欧米諸国の目を避けるためであった。そして、生物兵器の研究を行うには生体実験が必要不可欠——石井は当初からそれを視野に入れていた。一部の医者にとって、国内では絶対に許されないこの研究は、倫理に反しても行う価値があるものだった。こうして石井が見込んだ全国の優秀な医者や研究者たちが満州に集められたのである。

平房の本部は6キロ平方メートルもの広大な敷地を有していた。周りは塀と鉄条網で囲まれ、監視は厳重であった。本部建物（ロ号棟）の中庭には特設監獄が建ってぃた。7棟と8棟である。ここは限られた者しか入ることが許されない空間であった。研究所の他には発電所や農場、飛行場などがあった。また、施設で働く人やその家族のために学校や病院、郵便局などもつくられ、さながらひとつの村となっていた。

この一帯は機密保持のため、日本軍機であっても上空の飛行を禁じられたという。

満州の少年隊

平房の研究所でもっとも危険な業務についていたのが少年隊である。

試験は日本国内で行われ、合格すればすぐに満州の防疫研究所に送られた。石井が彼らに求めたのは一定以上の学力と健康な体だけであった。この部隊には14、15歳の少年が集められ、なかには高等小学校しか出ていない者もいた。

彼らは軍事教練の他に学科の授業を受けながら、徐々に細菌の知識を増やしていった。学んだのは人体構造や病理学など、業務に必要な専門知識である。

実習という名の業務では研究所の試験管を洗ったり、検査のための培地をつくったりした。もちろん、なかには生きた菌が入っている。

もちろん少年兵たちはチフスやコレラなど必要な予防接種を受けてはいる。だが、いつ感染するともしれない状況に置かれていることには変わりない。

最初は細菌の知識がなかった少年兵たちも、経験を積むにつれてこの現場がどんなに危険かわかってくる。そんななかでチフス菌やパラチフス菌、赤痢菌などの大量生産を命じられた。そして、できた菌を車で運ぶのも彼らの仕事である。

菌に感染したくない、その一心で彼らは一日に何度もクレゾールの風呂に入ったという。

だが、毎日そんな業務を行っていれば、発病する者が出て当然である。彼らの遺灰は日本に返され、「戦死」とだけ告げられた。家族にも本当の死因は教えられなかった。平房に調達された少年兵のうち、日本に帰国できたのは半分ほどであった。残りの半分は菌に感染して発病するか、この研究所から逃れるために、さらに危険な戦場へ向かうことを望み、そこで戦死したのである。

研究所に移送された捕虜・マルタへの実験とは？

平房では少年兵も使い捨てにされたが、中国人捕虜たちの扱いはさらに酷いものだった。彼らは「マルタ」と呼ばれ、生体実験の材料にされたのである。

特に「特移扱《とくいあつかい》」（特別移送扱い）といって、日本の憲兵に捕まった者は例外なくマルタにされた。彼らのほとんどは犯罪者か抗日活動家であったが、なかには女子供や共産党員、無実の市民が含まれることもあったという。

マルタは一度、ハルビンに集められ、それから数人ひとまとめにして平房に運ばれた。彼らの行き先は特設監獄かロ号棟である。

こうして犠牲になった者は１０００人とも３０００人ともいわれている。

彼らは氷点下30度にもなる屋外に放置され、凍傷の実験に使われたり、それで四肢を失ったとしてもさらに別の実験に再利用されたりした。また、新開発したワクチンを打ち、そのあとで病原菌を注射して発症の様子を確かめるようなこともあった。

こんなことは相手が人間だと思ったらとてもできない。現にマルタたちは「１本」、「２本」と数えられ、物として扱われた。

もっとも部隊が力を入れた研究は、より強い毒素を持った病原菌の確保である。

まず、培養された病原菌をマルタに注射し、人為的に感染させる。人体を通過させせた菌は、実験で作られたものより強くなっている。その強い病原菌を取り出し、何度か感染を繰り返すことで、より強力なものにつくり替えるのである。

ただ、人体は死ぬとすぐに雑菌が入ってしまう。生きたまま解剖したのである。そのため、マルタをかろうじて息をしている状態にしておいて、生きたまま解剖したのである。

また、細菌そのものによる攻撃では効果が少なかったため、菌を感染させたノミをつくって、それを散布する作戦が考え出された。なかでもペストが有効で、ペストノミを大量生産するため隊員たちはネズミの捕獲に明け暮れた。

敗戦後に抹消された731部隊

昭和20年（1945）8月9日、ソ連軍は中立条約を破り、兵士150万人を投入し満州へ侵攻した。

戦局は絶望的だった。東京の参謀本部は即座に平房施設の破棄を決定している。石井に下された命令は、部隊の解散と施設の爆破だった。生物兵器の研究と生体実験の証拠を残さないよう、マルタたちの処理は簡潔に指示されていた。

「電動機で処理し、ボイラーで焼いて、その灰は松花江に流すこと」

さらに、軍属がソ連の捕虜にならないように、全員を大連に送り、必ず日本に帰還させることを強調している。万一、捕虜になって部隊の秘密が公になることを恐れたのである。特に細菌学の博士号を持った医官たちは、ソ連にとって利用価値が高い。そこで彼らだけは軍用機で日本に直接帰ることになった。

石井は研究データを持ち出そうと食い下がったが、参謀本部は許可しなかった。石井にとっては貴重な内容でも、今や日本をさらなる危機に追い込む危険極まりないものであったからだ。

石井は平房撤退にあたり、731部隊関係者を集めると「この秘密は墓まで持って行け」と言い放った。

8月17日、ソ連軍は平房に侵入。731部隊は間一髪ですべての命令を遂行していた。16日に全員の引き揚げが完了し、施設は爆破され、瓦礫《がれき》の山になっていたのだ。

こうして「731部隊」はこの世からなかったことにされた。

GHQとの駆け引き

これほど非人道的な実験を行った731部隊であったが、戦犯者になった者はいない。それは石井をはじめ、関係者たちがアメリカとソ連を相手に巧みな駆け引きをしていたからである。

石井は参謀本部に禁じられた研究成果を密かに持ち出し、日本に帰国していた。米国内でも石井に対する扱いは微妙であった。マッカーサーは独自の判断で石井と

731部隊に戦犯免責を与えており、GHQとの交渉を行っていた有末精三《ありすえせいぞう》中将とも話をつけていた。一方、ワシントンはそれを認めてはいない。

石井は米国の尋問に対して生体実験については否定し、一般論しか語ろうとしなかった。だが、ソ連の尋問が迫っていることを知ると、一転して自らを生物戦の専門家として売り込み、20年間にわたる実験データの提供を約束している。

石井は研究成果を狙うソ連と、自分や731部隊を戦犯にしようとする米国を相手に実験データという武器で戦った。そして、「生物兵器」という禁断の兵器に目が眩《くら》んだ大国を翻弄し続けたのである。

禁断の呪術
奇跡の錬金術師パラケルスス
人造人間を生んだ魔術師の正体は優秀な医者!?

「賢者の石」を持つ男

いわく、目の前で小銭を金貨に変えた。彼が持つ長剣には悪魔が閉じ込められていて、その柄には「賢者の石」が埋め込まれている……。

16世紀最高の医師であり、錬金術師でもあったパラケルスス。ゲーテの『ファウスト』のモデルとしても有名である。放浪の医師として過ごした生涯は伝説に彩られ、謎に満ちたものだった。

1493年、パラケルススはスイスのアインジーデルンで生まれた。本名

パラケルスス

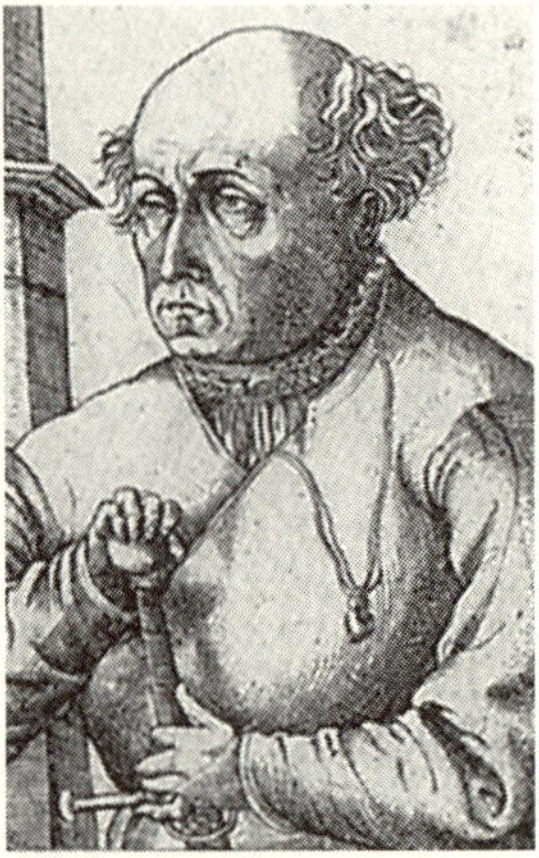

World Topics

はアウレオルス・フィリップス・テオフラストス・ボンバストス・フォン・ホーエンハイム。パラケルススとは彼が勝手に名乗ったもので、古代ローマの名医ケルススより優れているという意味だという。

彼は医師であった父から自然哲学の教えを受け、14歳で自分も医学の道に進むことを決意した。1515年にイタリアのフェラーラ大学を卒業すると、翌年からヨーロッパ諸国を歴訪。1524年までに訪れた国はドイツ・フランス・イタリア・スペイン・ポルトガル・イギリス・スウェーデン・ポーランド・ハンガリーに及び、アジアやアフリカまで世界各地を精力的にめぐったらしい。放浪中に伝統医療を学び、さまざまな患者と症例に接することで医師としての経験を積んだ。特に近代外科医学の父と呼ばれるパレに出会ったことは、彼に大きな影響を与えている。

伝説によれば、パラケルススはコンスタンティノープルを訪れたときに「賢者の石」を手に入れたとされる。

「賢者の石」とはもちろん形としての「石」ではない。錬金術師たちが求めてやまない物質練成の奥義《おうぎ》をいう。

錬金術とは狭義的には「非金属を貴金属に変える秘術」と思われている。もちろんその一面もあるが、本来の錬金術とは一般の物質を「完全」な物質に練成することを目的としており、生命の根源へ到達することで人間を不老不死にできるという。銅や鉛を金に練成させるのは過程に過ぎない。

パラケルススによれば、銅や鉛の卑《ひ》金属（現在は科学的には銅は貴金属に分類される）は病んだ金属であって、治療を施すことで金などの「完全」な物質に変えることができ、その方法こそが「賢者の石」なのだった。錬金術とは当時の最新科学であり、思想・哲学にも影響を与える総合学問であった。

とはいえ、多くの錬金術師が黄金練成を目的とする研究を行っていたのは事実である。そんななか、パラケルススは錬金術を「人々を病気から救う医薬をつくる技術」と考え、ヨーロッパでそれまでに何度も大流行を繰り返し、都市を丸ごと壊滅させるほどの死者を出したペスト（黒死病）や梅毒《ばいどく》など、難病の治療にあたった。

しかし、それがパラケルススをいっそう神秘化させる要因となる。

1526年、彼がシュトラスブルクに滞在していたときのことである。人文学者エラスムスの友人であるフロベニウスは右足に悪性の腫瘍《しゅよう》を患っていた。医師たちは壊疽《えそ》を恐れて足の切断を勧めたが、パラケルススは足を残したまま見事に治療を行った。フロベニウスは印刷業者として有名であったし、エラスムスの信頼も篤かったため、その推薦を受けて、1527年にパラケルススは

World Topics

15世紀、梅毒患者の治療の様子を描いた木版画。

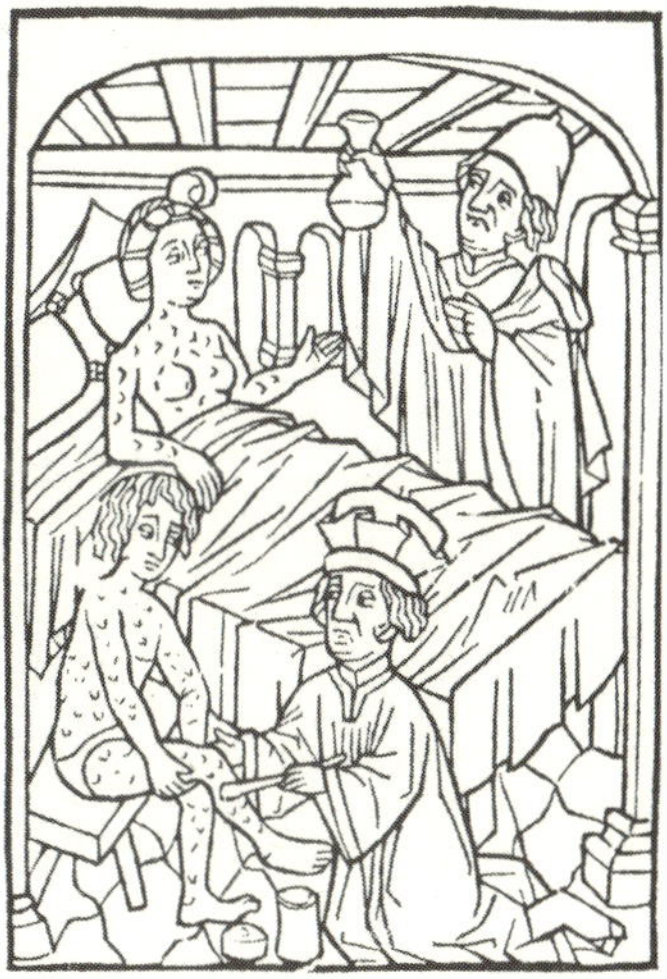

スイス、バーゼル大学に医学教授として招かれることとなった。

人造人間・ホムンクルスの研究

しかし、せっかく得た医学教授の地位も長くは続かない。

最初は慣例どおりラテン語で講義を行っていたが、パラケルススは誰もが理解できるようにと勝手にドイツ語に変えてしまった。また権威主義に陥っていた医学界を挑発・批判するパンフレットを張り出した。学生たちは熱狂したが、この活動を恐れた大学は、翌年彼を追放する。

１５２９年、パラケルススは梅毒の薬として当時広く普及していたグアヤックに、治療の効果がまったくないことを突き止め、本を出版した。グアヤックとはカリブ原産の木で、その削《けず》り粉を煎じたものである。ところが、グアヤックの輸入には、大学や政治家と強いパイプを持っていたヨーロッパの大富豪、フッガー家が深くかかわっていた。フッガー家は莫大な利益を失わないよう、パラケルススを医学界からも追放してしまう。

その時期から彼は占星術やカバラを取り込んだ研究に没頭するようになる。当時、不治の病の原因は、天体の運行が乱れたためなどと考えられ、それを予測するために天文観測や占いが流行していたのである。

一般人には理解できない魔術的な研究……そこからパラケルススが完全なる生命体をつくろうとし、「ホムンクルス（人造人間）」の研究をしているという伝説が生まれたようだ。

ホムンクルスをつくる方法は次の通りである。人間の精液を蒸留器に入れ密封する。40日過ぎると腐敗した液から人間らしきものが胎動し始めるが、それは透明でほとんど実体はない。それに人間の血を与え、生きた馬の子宮と同じ温度で40週間養うと、人間の女性が産んだ子供とまったく変わらない人造人間が誕生するというのである。

ただ、これはとても小さく、妖精のようなものだとされている。パラケルススは自分の精液を使って人造人間をつくり、それに成功した唯一の人間であるとされている。

World Topics

また、死を悟った彼は自分を再生させる実験を行った。弟子に薬を渡すと、自分の死体を細かく刻み、その薬をかけるよう指示をした。それを容器に密封し、9ヵ月たつと新たな生命体として蘇るという。しかし、好奇心に駆られた弟子は7ヵ月目に容器を開けてしまった。そこには胎児のようなものがあったが、外気に触れた途端、死んでしまったと伝えられる。

それは本当にパラケルススだったのだろうか。記録では、1541年、ザルツブルクにて死去となっている。

実像の彼はルネサンス期の天才医師であり、近代医学の開祖とも呼ばれている。だが、死後もパラケルススの名で魔術に関する多くの偽書が出版された。人々にとって、彼は誰も知らない生命の神秘を手に入れた男であったのだ。

これが、実存した人間でありながら、今もなお高名な錬金術師として語り継がれるパラケルススの生涯である。

秀吉以上の殺戮を行った凍土の殺戮王・イヴァン雷帝

呪われた出生が影を落とす激情の生涯

冷酷にして苛烈！　ロシア史上最大の暴君

1530年、イヴァン4世は呪《のろ》われた予言のもとに生まれた。長らく後継者に恵まれなかった父王にとっては待望の嫡男であったが、その出生は望まれたものではなかったからだ。父王・ヴァシーリー3世は不妊を理由に正妻を幽閉し、正教会の反対を押し切って大貴族の娘エレナと結婚した。正教会はヴァシーリー3世に「邪悪な息子を持つだろう」と告げている。

父王が没し、イヴァンはわずか3歳で大公に即位した。政治は母后である

イヴァン4世

エレナが行い、周辺諸国と友好な関係を築く賢明な政策を取った。

だが、7歳で母とも死に別れると、食事や衣服さえ満足に与えられない生活が待っていたのである。弟・ユーリーとともに孤独に耐えながら、家臣である貴族たちに冷遇された幼少期を送ったせいであろうか、イヴァンは猜疑心が強く陰気な性格であった。

母の実家グリンスキー家の援助を受けたイヴァンは、1547年、初めて「ツァーリ」として戴冠。以降、ツァーリズムとよばれるロシア独自の専制政治を敷いた。それは大貴族を排し、皇帝が絶対的な権力を握るもので、恐怖政治の始まりでもあった。「雷帝《らいてい》」の異称はその残酷で激情的な性格からつけられたものである。

だが、最初の妻アナスタシアが生きていた頃のイヴァン雷帝は、むしろ名君であった。信心深く優しいアナスタシアはいい妻で、彼女との間に生まれた息子は同名のイヴァンと名付けられて皇太子となった。

しかし1560年、アナスタシアは原因不明の病に倒れ、息を引き取った。イヴァンは嘆き悲しんだが、彼女の死がイヴァンの狂気の箍《たが》を外したのかもしれない。イヴァンの幼い頃の楽しみは、クレムリン宮殿の高い窓から猫や犬を放り投げることだった。その残忍な本性が剥《む》き出しになっていく。

血の粛清と皇太子撲殺事件

イヴァンの恐怖政治の最たるものといえば、オプリーチニナ（特別領）の実施であろう。

1565年、イヴァンは家臣を集めると、唐突に国土を二つに分断すると宣言した。一つはオプリーチニナという皇帝直轄の特別領で、一つはゼームシチナという貴族の所有権が認められる土地である。オプリーチニナにはモスクワの27の都市と18の地方が含まれている。

大貴族たちは土地を取り上げられ、強制的に僻地《へきち》に追いやられた。これは大貴族の権力を奪うための圧制政策で、代わりにイヴァンは小貴族の若者から6000人を選び、オプリーチニクというエリート集団を作った。彼らの任務は皇帝の警護と裏切り者の探索で、要するに皇帝直下のスパイである。

黒い衣装を身にまとい、馬に犬の首をぶら下げ、ほうきのようなムチを持ったオプリーチニクは、「主人の敵に噛みつき、追い払う」ために大貴族や敵国との内通者を見つけては拷問にかけた。

彼らは大貴族と違い、イヴァンの寵を失えばその立場も失うので、誰もが必死に任務をこなした。彼らが裕福層の財産を狙って略奪を行い、罪のない女性

クレムリン宮殿の城壁。

を犯したとしても、オプリーチニナは皇帝の絶対的な支配下にあったので、民衆は文句を言うことも許されなかった。この政策によって犠牲となった国民は甚《はなは》だしく、結果的に国力の低下を招くに至った。

また、イヴァンはロシアの北西に位置するノヴゴロドに目をつけた。もとは貿易によって繁栄していた都市だったが、北方戦争によって衰退しイヴァンへの不満が渦巻いていたからだ。イヴァンはノヴゴロドがポーランドに寝返ろうとしていると言いがかりをつけ、１５７０年に大粛清を行う。まずは、オプリーチニクと銃兵を引き連れ、遠征を開始。モスクワからノヴゴロドまですべての街が皇帝軍に襲われ、人や家畜は手当たりしだいに殺された。民家に火がつけられ、木には死体がぶら下げられ、あちこちに山積みの死体が放置されていた。

皇帝の到着に備え、先発部隊によってノヴゴロドの街に柵がめぐらされた。住民が逃げないようにするためである。

イヴァンが到着すると虐殺が始まった。何も知らず広場に引きずり出された住民をムチで打ち、舌や鼻を切り取り、手足をもぎ取る。そして、すぐには殺さないように弱めた火で火刑を行い、最後は死体を氷の浮いた川に投げ捨てた。かろうじて息があった者も、小船に乗って最後を見届けにきたオプリーチニクにこん棒で殴り殺されたのである。狂気の粛清は1ヵ月も続き、犠牲者は6万人にのぼるともいわれている。

イヴァンは身内に対しても容赦なかった。ある日、皇太子が皇位を狙っていると思い込んだイヴァンは逆上し、息子をこん棒で殴りつけたのである。狂気が覚め、正気に戻ったときには息子は頭も胸も血まみれで、こめかみが割られていた。もちろん皇太子がそんな陰謀を企てていた事実もなかった。イヴァンは激しく後悔し昼夜を問わず祈り続けたが、皇太子は数日後に亡くなった。

こうして血の粛清で国中を恐怖に陥れたイヴァンであったが、その死に様は実にあっさりしたものだった。1584年3月18日、寵臣を相手にチェスを行っている最中、チェス台に倒れ込んだかと思うともう息はなかった。奇しくもその日は占星術師によって死亡予告がなされていた日だったという。

PART2

敗者から見た日本史
歴史の残酷物語

Taboo 08

名君・吉宗の後継者・家重の遺骨は女性のものだった⁉

徳川幕府による隠蔽か 9代将軍・家重女性説の真相

奇行が目立ち、廃嫡の危機もあったという家重。近年、その遺骨が法医学者らによって調査され、新たな謎をつきつけた。それが、家重＝女性説だ！

実像が見えない家重

歴代の徳川将軍の中でもっともミステリアスなのが家重《いえしげ》であろう。

19世紀に編纂された江戸幕府の公式記録『徳川実紀』には「将軍になったあとも、朝会のほかは大奥で過ごされることが多く、側近の前にも姿をほとんど現さない」と書かれており、その人柄については触れられていない。

家重は8代将軍・吉宗の嫡子である。だが、名君だった父とは雲泥の差で、体格も性格も全く似ていなかった。

吉宗は180センチメートルもある堂々とした体型で、体力にも恵まれ鷹狩りなどの武芸を好む極めて男らしい将軍であった。有効な政策を積極的に取り入れることで幕府の財政を立て直し、「中興の祖」と呼ばれている。

しかし、家重は生まれついて体が弱く、若い頃から能や草花など美しく繊細なものを好んだ。幕政に関しては、田沼意次《おきつぐ》など優秀な側近に恵まれたため、失政はなかったが、特筆すべき点もない凡君とされる。

さらに言語不明瞭で、家重の言葉を聞き取れるのは側用人《そばようにん》・大岡忠光《ただみつ》だけであった。そのため家臣との対話はすべて彼が取り次いでいる。忠光が賢明であったから執政上の問題が起きなかったものの、小姓が2万石の大名に取り立てられたのは当時としても異例の出世といえるだろう。

家重は中奥《なかおく》で政務を取ることは少なく、幼い頃から大奥に入り浸って、酒と女色に溺れていた。姿も威厳があったとはいい難く、華奢な体つきなのは仕方ないとしても、髪を油で整えることを非常に嫌がったためいつも乱れており、ヒゲは伸ばし放題にしていた。残された肖像画では少し猫背で、顔を歪ませたように描かれている。

そして、日常生活が送れないほどではないが、歩行に困難があり、首を左右に揺らす癖があったという。

家重は頻尿を苦にして外出を嫌い、上野寛永寺や芝増上寺への参詣も、理由をつけては引き延ばした。苦肉の策として、参詣にあたっては簡易便所を9ヵ所も設置させている。そのせいで、「小便公方《くぼう》」という屈辱的なあだ名がつけられた。

このように奇行が多い人物がなぜ、将軍に選ばれたのだろうか？

実は、家重は老中・松平乗邑《のりさと》によって廃嫡《はいちゃく》されかけたことがある。家重が武道や学問に取り組まなかったのに対して、弟の宗武《むねたけ》は幼少の頃から聡明で、文武ともに優れていた。そのことは周囲もよくわかっており、乗邑は宗武の生母や6代将軍家宣《いえのぶ》の側室・月光院《げっこういん》まで巻き込んで家重廃嫡運動を行った。

生来虚弱で、女と能に溺れたひ弱な兄と、誰が見ても優秀な弟。どちらを将軍に据えるべきだろうか——これには吉宗も苦悩したが、3代将軍・家光の例に鑑《かんが》みて、個人の資質よりも長子相続の伝統が優先され、家重が将軍を継ぐこととなった。また、家重の子・家治《いえはる》が幼少時から剣術・槍術・鉄砲に秀で、さらに絵をよくし、将棋も強いという天才的な能力を発揮したため、吉宗に可愛がられ、将来の将軍候補と目されていたことも有利に働いた。

だが、家重の恨みは相当深かったようで、将軍に就任するとすぐに乗邑は罷免《ひめん》され、宗武も3年間の登城禁止処分を受けている。これは月光院の取りなしで赦されたものの、兄弟間には生涯埋められない確執が残った。

ちなみに家重が将軍になった後も吉宗は大御所として政治の実権を握っている。

家重は女性のように広い骨盤を持っていた!?

昭和33年（1958）に芝増上寺の将軍廟の改修工事にあたって、徳川家当主の協力により、埋葬されていた将軍と側室の遺体や遺品の調査が行われた。

このプロジェクトは、法医学者や歯科医学者など専門家によって1年半を費やした綿密なものであった。その調査の中心人物であった東京大学理学部名誉教授・鈴木尚《ひさし》氏は、家重が「アテトーゼ・タイプの脳性麻痺《まひ》」だった可能性があると言っている。

アテトーゼ型は知能に障害はないが、自分の意志とは無関係に別の筋肉が動く（不随意運動）という特徴がある。家重にはひどい歯ぎしり癖があったが、肖像画に描かれた顔の歪みもそのせいだと考えられる。また、頻尿や尿もれなどもアテトーゼ型にはよく見られる症状である。

この説だと家重の言語障害、歩行困難、頻尿などすべてに説明がつくのである。

実際に家重の遺体の調査が始まると、その骨は完璧な状態で残っており、生前の姿を再現できるほどだった。

そうして復元された家重の姿は小柄で、意外にも端正な顔立ちだったという。

この調査では骨について詳細に検証されている。そこでわかったのは、家重の骨は基本的に細く、華奢なつくりであったということである。

特徴的なのは3ヵ所で、「下あごがV字型であったこと」「肩甲骨が歴代の将軍に比べて細いこと」「骨盤が女性の平均よりも広いこと」である。

小さくすぼめた口をおちょぼ口というが、家重のあごのラインはちょうどそれにあたる。当時の江戸の男性はがっしりしたあごと反っ歯が特徴なので、男性でV字型なのは珍しいという。

肩甲骨は性差が出やすい骨なのだが、ここも非常に繊細で女性的であった。

さらに骨盤は男性に比べて女性の方が広いものだが、家重の骨盤は女性と比べても幅広であったという。

女性説を裏付けるもうひとつの理由

そして、家重女性説が囁かれるには訳がある。

有名な「お幸の方座敷牢事件」を検証してみよう。お幸の方とは家重の子を産んだ側室である。彼女は家重の正室・比宮培子《なみのみやますこ》の侍女であったが、家重の寵愛を受け、次期将軍の生母として絶大な権力を握った。

だが、彼女の懐妊中に家重は新たな側室・お遊喜《ゆき》の方（お千瀬の方とも）と出会う。お遊喜の方の実父は吉原遊廓の名門・三浦屋の楼主の弟で、彼自身も店の経営にかかわっていた。そのためか、お遊喜の方は色里の影響を受け、唄や舞踊に才能を発揮した。家重は芸事が好きで、そんなお遊喜の方を片時も離さなかった。

お幸の方はこれに嫉妬し、なんとふたりが同衾しているところに押しかけ、家重を罵ったのである。激怒した家重は、お幸の方を座敷牢に閉じ込めてしまった。

この事件ではさすがに吉宗が家重を叱責し、お幸の方を座敷牢から出させたものの、その後、お幸の方が家重に顧みられることはなかった。そして、失意のなか33歳の若さで亡くなったのである。

この一件も、もし家重が女であったなら、将軍生母を座敷牢に監禁するという前代未聞の処置も説明できるという。つまり、将軍以外男子禁制の大奥で懐妊するとなれば、その相手は家重の側用人・大岡忠光しかありえない。彼だけは家重の言葉を伝えるために大奥へ入れたはずだからである。家重はそれに嫉妬し、事件をきっかけにお幸の方を冷遇したというのだが……。

家重がお遊喜の方を寵愛したのは、純粋にその芸に惹かれていただけで肉体関係はなかったのかもしれない。逆にお遊喜の方は家重の秘密を知った上で心の支えになったとも考えられる。色里育ちのお遊喜の方は様々な人生を見てきただろうから…。

また、言語不明瞭であったことも、声によって性別をわからせないためにわざとしていたという説もある。歩くときに体が揺れていたのは、胸をさらしできつく巻いているため苦しかったから。他出の際に便所をたくさん用意させたのも、女性である秘密を誰にも見られないようにするため。生まれついて体が弱いというのは、女性ならば毎月の生理のために具合が悪くなって当然だという。

上杉謙信が女?!

こうなるとこじつけのようだが、実はかの戦国大名・上杉謙信にも女性説がある。これは作家の八切止夫《やぎりとめお》氏が提唱したことで、急速に広まったものである。

謙信はあの時代にしては珍しく、生涯妻を娶らず、子供は全員養子を取っている。仏教の「女犯戒《にょぼんかい》」という戒律を守り通したのは、彼の生涯の大きな謎とされているが、これも女性であればなんの不思議もない。

毎月10日か11日に腹痛を起こし、出陣を取り止めたことさえある。月に一度の定期的な腹痛といえば生理日が考えられよう。また、戦場でも具足《ぐそく》をつけず、身軽な姿であったという。これも体力のない女性であれば理解できる。それ以外にも、『源氏物語』や『伊勢物語』などの恋愛ものを好み、織田信長から源氏物語図屏風を贈られている。非常に女性的なセンスの持ち主であったのだ。

そして、もっとも重要な根拠となったのはその死因である。謙信は大虫《おおむし》という病気で死んだとされるが、これはしゃくの虫といって胸や腹が痛む病気。つまり更年期障害だというのである。

現在の学会では認められていないが、それも歴史のロマンなのだろう。

有名な歌舞伎演目『義経千本桜』では安徳《あんとく》天皇は女児の設定である。実は姫君であったが、清盛が男と偽って無理に即位させた報いを受けて平家は滅びたと説明されているのだ。江戸時代に作られた作品だが、これが大当たりとなり、『菅原伝授手習《すがわらでんじゅてならい》鑑《かがみ》』『仮名手本《かなでほん》忠臣蔵』と並んで三大名作に数えられた。

もしあの有名人が女性だったら……と考えるのはいつの世も変わらないようである。

「見立外題尽義経千本桜渡海屋の段」
東京都立中央図書館所蔵

Taboo 09

太平の時代でも避けられなかった飢餓地獄!

馬を喰い、人を喰い…名も無き者の飢えの記録

戦国時代が終わっても、ひとたび天災に見舞われると、食糧不足や疫病の蔓延で多くの民が犠牲となった。人が人を喰う地獄絵巻、その実態に迫る!?

江戸の三大飢饉

生産力が低く、貧困が当たり前の時代において、飢えとは常に身近なものであった。たった一度の凶作が簡単に人々を死に追いやる。そして、救いの手が差し伸べられることはほとんどない。ただ、そのような生活者の記録はほとんど残されておらず、どれほどの犠牲者が出たかさえ把握されていないのが現実である。

天下が定まり、平和になった江戸時代でさえ、享保《きょうほう》17年（1732）、天明《てんめい》4年

（1784）、天保《てんぽう》8年（1837）と3回の大規模な飢饉《ききん》が起こった。

このなかで全国的な被害を出したものは天保の大飢饉だけで、享保の凶作は西日本のみ、天明の凶作は東北地方を中心としたものだった。

しかし、豊作だった藩は藩内での米の値上がりを抑えることを優先し、米の移出禁止命令を出している。国内に米は余っていたのに、それは凶作だった地域を救うために使われなかったのだ。

享保の大飢饉の原因はイナゴの被害であった。近畿から西では、収穫が例年の半分以下だったという地域が46藩もあった。多くの民衆が餓死し、中国・四国・九州での犠牲者は1万2000人とも17万人とも90万人を超えるともいわ

「安政二年江戸大地震火事場の図」
国立国会図書館所蔵

れる。失政を咎《とが》められることを恐れた諸藩が犠牲者数を少なく申告したとしても、この数値にはばらつきがあり過ぎて、どれが信用に足るのかはわからない。

もちろん幕府も救済を行った。1年間で約11万石の米を輸送し、それによって約37万人の命が救われた。しかし、これは幕府領に限られた処置で、一般の大名領には5万石を払い下げたのみであった。

井戸平左衛門《いどへいざえもん》（正明《まさあきら》）は、盛期が過ぎて産出量が減ってきた銀山の再興という重責を担い、石見国大森に赴任してきた。だが、そのころ西日本ではひどい飢饉が起こっており、領民の苦しみを目の当たりにする。平左衛門は私財をなげうって米を購入すると、領民に粥《かゆ》を与えた。だが、この飢饉はその程度では乗り切れない。平左衛門はその年の年貢を減免・免除し、さらに幕府の許可を得ずに官庫を開いて幕府に納めるご用米を食べさせ、飢えた領民の命を救った。だが、幕命を尊重しなかったことを理由に代官職を免ぜられると、身柄は笠岡（岡山）に預けられた。翌年、その地で病死したが、実は覚悟の切腹だったともいう。

平左衛門は薩摩藩から甘藷《かんしょ》（サツマイモ）を取り寄せ、栽培を広めさせている。それは「甘藷先生」で有名な青木昆陽《こんよう》よりも3年も早かった。最初は栽培に失敗したものの、天明・天保の飢饉の時に銀山領内では餓死者を出さずにすんでいる。領民には「芋代官」「芋殿様」と呼ばれて敬愛された。

天明の地獄

天明2年は天変地異が続いた年だった。7月に浅間山が噴火し、その噴煙が空を覆ったのである。何日も陽が射さず、昼も夜のように暗く、行灯をつけなければいけないほどだったという。焼けただれた岩石が火山から吹き上げられ、それが麓の村に落ちては牛馬や人を焼き殺した。

その後、大量の火山灰が田畑に厚く積もり、利根川の流れさえ変えるほどだった。噴火が治まると、今度は4ヵ月にわたる長雨が続いた。冷たい雨に打たれた作物はまったく育たなかった上、土石流が起き、田畑はきれいに流されてしまった。

人々は牛馬やニワトリ、犬をつぶして食べた。現代からは想像しにくいが、この時代、家畜を食べることは激しい嫌悪を伴う行為であった。感覚的には家畜と人は同等で、家畜を食べることは人食に匹敵するタブーだったのだ。

そして、道に死体がうち捨てられるようになると、野犬があらわれ死肉を食い荒らした。野犬は手足をくわえたまま市中を走り回り、道には死体と食いちぎられた人肉が散乱していた。さらに人の味を覚えた野犬はどう猛になり、生きた人間まで襲うようになった。親を亡くし、守ってくれる者のない幼い子供などはたちまち野犬に襲われて食い殺された。

飢餓と人食の記録

この未曾有《みぞう》の飢饉では、人が人を食べたという話がいくつも残っている。たとえば、ある家で死者が出ると、それはどこからともなく伝わり、近所の者が無心に来るのである。

八戸《はちのへ》の宿場で旅人が聞いたという有名な話がある。

雪の降る日に宿にやって来た女が主人にこういった。

「こちらで爺《じい》さまが亡くなったと聞きました。半身でも片腿《かたもも》だけでもお貸し頂けないでしょうか。うちにも2、3日中に片づく者がおりますので、その節はすぐにお返しにあがります……」

主人は慌てて女を宿の外に追いやるとなにごとか話していたが、そこまでは聞き取れず、やがて女は帰って行ったという。

また、橋の下で死体から腿の肉を削いで籠に盛っている男がいた。何をしているのか聞いてみると、「これに草木の葉を混ぜて、犬の肉だと偽って売るのだ」と言った。人肉を犬や馬、牛の肉だと偽って売ることはよく行われていたらしい。

人食に関する記録では、秀吉が行った鳥取城の兵糧攻めの話が詳細である。

兵糧が尽き、草木も牛馬も食べ尽くした頃――城内の者はみな無惨にやせ細り、飢えに耐えかねた者が城外の敵に向かって「助けてくれ」と泣き叫ぶ有様だった。飢えの限界を超えたとき、城内で悲劇が起こる。敵の銃弾を受け、瀕死の状態であった者の周りを兵が取り囲んだ。そして、体の節々を切り分け、肉を取り合ったのだ。特に頭は美味で、兵は奪い合って口に含んだという。

飢饉と戦争を同列に考えるわけにはいかないが、やはり人食は人間最大の禁忌である。人を食べたことがわかると、大勢から私刑に合うこともあった。その者だけでなく一家一門まとめて殺されたのだ。それは本人だけを殺すと家族に復讐されるという理由もあったが、実際は放たれた怒りと憎しみが暴走して、多くの巻き添えを生んだのだという。

悪徳商人による米の買い占め

天保3年の冷夏は凶作を予想させるに十分だった。大雨、台風、洪水という多雨冷害が原因となり、凶作は2年から8年まで続いた。

大坂では一部の商人によって米の買い占めが行われた。各地の凶作や一揆の情報が入ってくるたびに米価はつり上がり、米商は売り惜しみをした。一部豊作だった地域もあったが、藩内から米を出さない政策をとっていたため、追い詰められた民がくり返し暴動を起こした。

どこからも米が入ってこないとわかると、米1石が大坂では銀185匁《もんめ》、江戸では250匁にもなった。地方によっては米のとぎ汁まで売買の対象にされたという。

秋田県男鹿《おが》半島では飢えに耐えて耕作を続け、天保8年の秋にようやく豊かな収穫を得ることができた。だが、喜んだ農民が新米を食べすぎて頓死《とんし》するという事故が何百件も起こっている。

大坂では凶作の危機が過ぎたとはいえ、悲劇はこれから始まった。米がさらに値上がりし、今度は飢饉ではなく、貧困のた

『磐梯山噴火の図』火山国日本だけに、日本各地でたびたび噴火や大地震が起こり、大規模な飢饉に見舞われた。国立国会図書館所蔵

めに餓死する者が出たのである。

最初は死体を土に埋めていた者たちも、次第にそんな体力がなくなり、路上に死体がうち捨てられても誰も気にも留めなくなった。

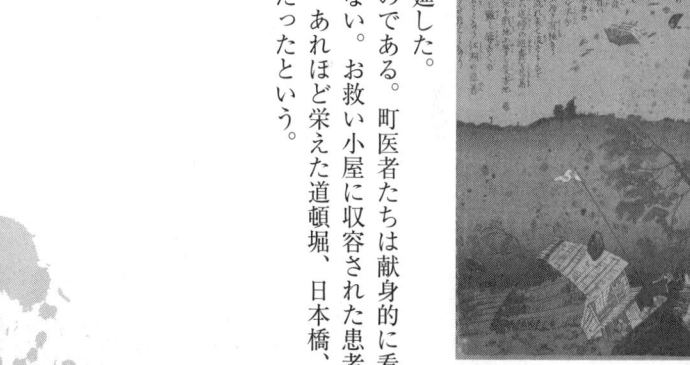

季節は夏。追い討ちをかけるように疫病《えきびょう》が蔓延した。すっかり体力がなくなったところに病が襲うのである。町医者たちは献身的に看病したが、病人の数が多すぎて、治療どころではない。お救い小屋に収容された患者たちは折り重なるように寝せられ息を引き取った。あれほど栄えた道頓堀、日本橋、難波新地などは見るに堪《た》えない、惨憺《さんたん》たる有り様だったという。

Taboo 10

昔話に秘められた征服された古代王朝の系譜

改竄された浦島伝説 失われた〝丹後王朝〟

日本各地に残る浦島太郎伝説の元は何だったのか？　原形を辿るうちに見えてきた、大和朝廷による東方侵攻。伝説は権力に抵抗した敗者の訴えだった!?

浦島伝説の原形

「浦島太郎」は日本人なら誰でも知っている昔話である。亀を助けたお礼に竜宮城に連れて行ってもらうという内容は非常に道徳的で、明治時代には教科書の題材になり、文部省唱歌にもなった。

一般には「桃太郎」や「花咲じじい」などと昔話と同様に思われているが、「浦島伝説」の成立はかなり古い。実はこの話のモチーフは海洋民族の伝承パターンのひとつで、世界中にみられるのである。日本でもっとも古い記録は『日本書紀』である。「雄略《ゆうりゃく》天皇22年の条、丹波《たんば》国の余杜郡《よさのこおり》、管川《つつかわ》の人、瑞江《みずのえの》（水江）浦嶋子《うらのしまこ》という者が舟で釣りをしていると、大きな亀が釣れた。亀はたちまち美しい女に変わった。浦嶋子は彼女に心を奪われ、妻にした。ふたりは海に入り、蓬莱山《ほうらいさん》に行き、仙人と楽しくらした」

　年代ははっきりしないが『丹後国《たんごのくに》風土記《ふどき》』の逸《いつ》文《ぶん》にも浦嶋子の物語がある。また、『万葉集』にも「水江浦嶋子を詠む一首。短歌をあわせたり」（高橋虫麻呂）と浦島伝説をテーマにした長歌と反歌があることから、奈良時代には物語として完成していたと考えられる。ここでは『浦嶋子口伝記』を元にあらすじを説明しておこう。

　雄略天皇22年の秋7月、丹後の国与謝郡筒川（管川）庄に住む、水江浦嶋子という美青年が船に乗って釣りをしていた。3日たっても魚がかからないので、あきらめて竿《さお》を引き上げたところ、

『あづまにしきゑ　芳年略画　帰国浦島』
国立国会図書館所蔵

五色の亀を釣り上げた。嶋子は亀を眺めているうちに居眠りをしてしまった。すると亀は美しい乙女に姿を変え、嶋子を常世《とこよ》の国（蓬莱山）へ案内した。

乙女は嶋子を屋敷に連れて行くと、門で嶋子を待たせ、自分は中に入って両親に嶋子との結婚を許してもらいにいった。この乙女は亀姫（神女）だったのである。

嶋子と亀姫は夫婦となって悦楽の日々を過ごす。

だが、3年が過ぎた頃、嶋子が故郷を思っていることを知り、亀姫は分御霊《わけみたま》を入れた玉櫛笥《たまくしげ》を嶋子に渡して「再び会いたいと思うなら、ふたを開けてはいけません」といい、嶋子を帰した。

久々に戻った水江浦はすっかり荒れていた。筒川で洗濯をしていた老女から「３００年前に嶋子という男が海に出たが戻ってこなかった」という話を聞き、嶋子は常世の国での3年が３００年に相当することを知った。

それから10日ほど過ごしたが、嶋子は亀姫愛しさに、約束を忘れて玉櫛笥のふたを開けてしまった。すると紫の煙が常世のほうにたなびいたかと思うと、嶋子は白髪の翁となり亡くなってしまった。


ここには亀を助けるシーンも竜宮城も登場しない。それどころか、亀姫が嶋子を不老不死の国へ誘い、悦楽の日々を送るという官能的な物語になっている。

この変化は室町時代に『御伽草子《おとぎぞうし》』として再編集された際、仏教思想の影響を受け、動物による善良な人間への報恩というテーマが教訓的に付け加えられたためといわれる。なお、「浦嶋子」が「浦島太郎」に変わるのは『御伽草子』からである。

もうひとつの神話

実は浦島伝説に大きな影響を与えた神話があった。記紀にもある「海幸彦山幸彦《うみさちひこやまさちひこ》」である。『古事記』によると、次のような話になっている。

天照大神《あまてらすおおみかみ》の孫神である瓊瓊芸命《ににぎのみこと》は、葦原中国《あしはらのなかつくに》を統治するために高天原《たかまのはら》から降りて、木花之佐久夜毘売《このはなのさくやびめ》を妻とした。姫はひと晩で懐妊し、それを怪しんだ尊へ操を立てるために、姫は炎の中で出産する。そうして生まれたのが火照命《ほでりのみこと》（海幸彦）、火遠理《ほおりの》命《みこと》（山幸彦）、火須勢理命《ほすせりのみこと》である。

ある日、兄の海幸彦から釣り針を借りて海に出た山幸彦は、釣り針を失くしてしまう。海幸彦から釣り針を返すようにいわれ、山幸彦は自分の十拳剣《とつかのつるぎ》を砕いて代わりの針をつくったが海幸彦は許してくれない。困った山幸彦が海で泣いていると、潮の神が現れ、山幸彦を海神《わだつみ》の宮へ誘った。そして、海神の娘・豊玉毘売《とよたまびめ》に会うように勧めた。

海幸彦・山幸彦の系図

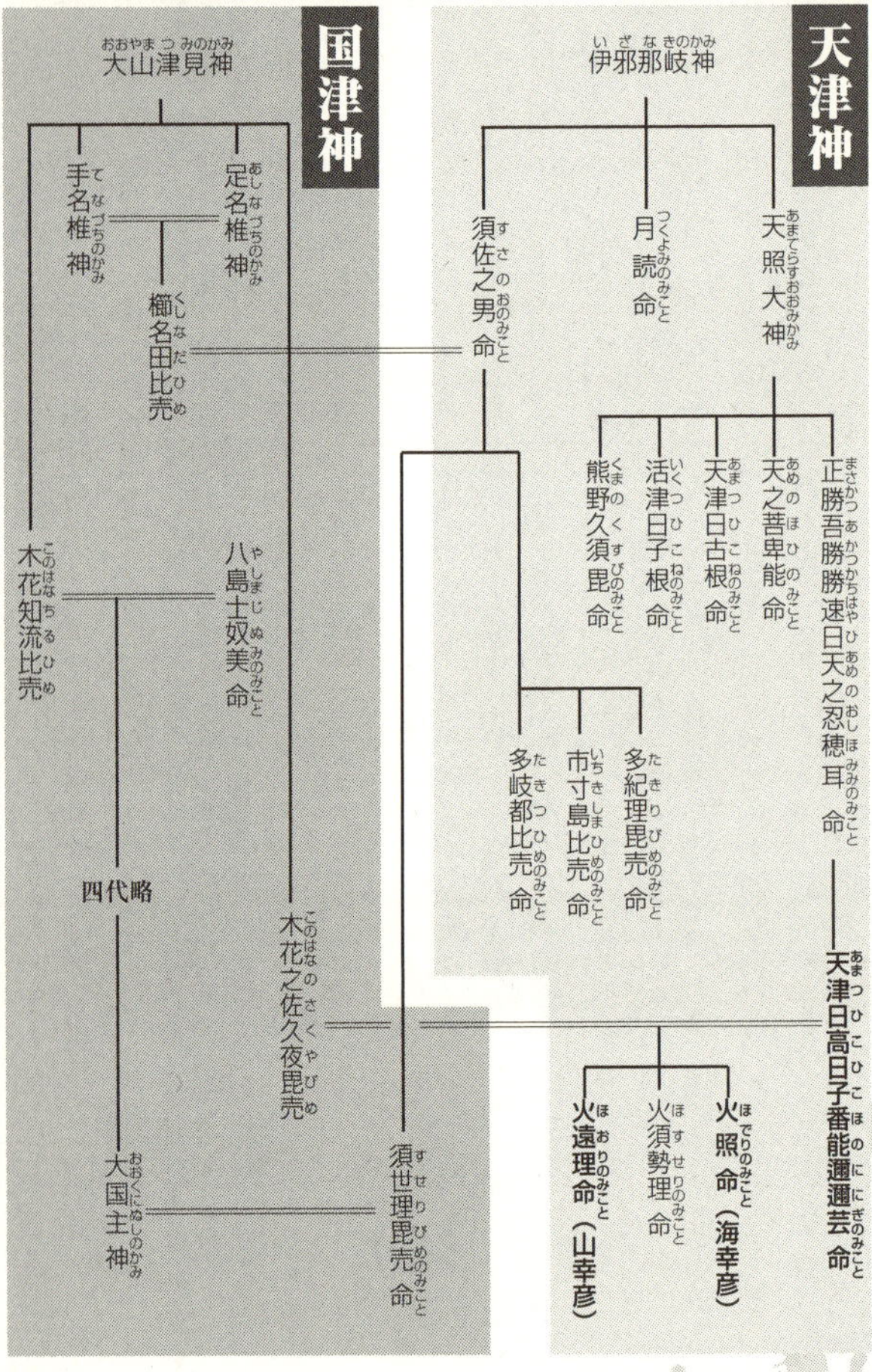
天津神
伊邪那岐神《いざなきのかみ》
天照大神《あまてらすおおみかみ》
月読命《つくよみのみこと》
須佐之男命《すさのおのみこと》
正勝吾勝勝速日天之忍穂耳命《まさかつあかつかちはやひあめのおしほみみのみこと》
天之菩卑能命《あめのほひのみこと》
天津日古根命《あまつひこねのみこと》
活津日子根命《いくつひこねのみこと》
熊野久須毘命《くまのくすびのみこと》
多紀理毘売命《たきりびめのみこと》
市寸島比売命《いちきしまひめのみこと》
多岐都比売命《たきつひめのみこと》
天津日高日子番能邇邇芸命《あまつひこひこほのににぎのみこと》
火照命《ほでりのみこと》（海幸彦）
火須勢理命《ほすせりのみこと》
火遠理命《ほおりのみこと》（山幸彦）
国津神
大山津見神《おおやまつみのかみ》
足名椎神《あしなづちのかみ》
手名椎神《てなづちのかみ》
櫛名田比売《くしなだひめ》
八島士奴美命《やしまじぬみのみこと》
木花知流比売《このはなちるひめ》
四代略
木花之佐久夜毘売《このはなのさくやびめ》
大国主神《おおくにぬしのかみ》
須世理毘売命《すせりびめのみこと》

豊玉毘売は美しい山幸彦をひと目で気に入り、海神も天神の子である山幸彦を歓迎した。ふたりは結婚し3年を過ごしたが、山幸彦は釣り針のことを忘れてはいなかった。相談すると、姫と海神が釣り針を飲み込んだ魚を探してくれたので、山幸彦は一度地上に帰ることにした。

海神は山幸彦に水を支配する「塩満玉《しおみつたま》」と「塩乾玉《しおふるたま》」を渡し、海幸彦に針を返すときの呪文を教えた。海神の助けによって山幸彦は海幸彦を服従させ、以降、海幸彦の子孫・隼人《はやと》族は芸を持って朝廷に仕えたという。

一方、豊玉毘売は懐妊していた。山幸彦に出産中の姿を見ないようにと頼んだのに、好奇心に駆られた山幸彦はのぞいてしまう。そこには八尋《やひろ》もある大きなワニが出産の苦しみにのたうっていた。本当の姿を見られた豊玉毘売はそれを恥じ、この世と海神の国の境を塞いだまま海神の国に帰ってしまった。

なお、山幸彦と豊玉毘売の孫にあたるのが神武天皇である。

一見、「浦島伝説」に似ているとは思えないが、話の細部には共通点が見いだせる。

・海神の国と常世の国（蓬莱山）
・亀姫と豊玉毘売
・3年後の帰郷

・男性が約束を守らなかったことによる永久の別れ

「浦島伝説」と神武天皇（大和朝廷）の関係がここで少し見えてきた。

伝承に隠された大和朝廷の侵攻

「浦島伝説」にまつわる神社は日本各地にあるが、やはりいちばん多いのは風土記に記述のある丹後国（京都）である。ここで注目したいのが、丹後国天橋立《あまのはしだて》の北側・成相山《なりあいざん》の麓に今もある「籠《この》神社」だ。

　このあたりは古代・中世にわたって丹波地方の中心であり、近くの遺跡からは縄文・弥生時代の土器や奈良・平安時代の瓦などが多く発掘されている。実際、籠神社の歴史は古く、平安時代に編纂された『延喜式《えんぎしき》』にはすでにその名が確認できる。籠神社の主祭神は彦火火出見尊《ひこほほでみのみこと》（別名・彦火明命《ひこほあかりのみこと》）であるが、その存在について触れる前に、神社と浦島伝説の関係を確認しておこう。縁起には次のようにある。

浦島乙姫伝説は、彦火火出見尊が竹で編んだ〝籠船《かごぶね》〟に乗って海に出られ、海の彼方の海神の国へ行くところから始まる。昔の日本では「籠」を「コ」と発音し、この籠神社も「籠《こ》之《の》大明神」「籠宮《このみや》」と呼ばれていた。

　籠神社を祀る海部《あまべ》氏族の日下部《くさかべ》氏が、この祭神伝承を民話として語り継いだのが浦島乙姫伝説である。つまり、浦嶋子は籠神社の祭神・彦火火出見尊の分身であり、乙姫は海部氏族の女系祖神の象徴なのである。

籠神社の主祭神である彦火火出見尊が浦嶋子のモデルであり、この地から海神の国に向かったことがはっきりと記されている。さらに浦島乙姫伝説は日下部氏の先祖伝承であり、それが全国に広まったというのだ。

神社には「海部氏本系図」が残されており、国宝にも指定されている。それによれば彦火火出見尊は丹波国に降り立ち、「息津鏡《おきつかがみ》」と「辺津鏡《へつかがみ》」をさずけたという。注目したいのは、海部氏の祖先は彦火火出見尊を天孫降臨した邇邇芸命の〝弟〟としている点である。

つまり、浦島伝説の主人公は、邇邇芸命の子である山幸彦でないことになり、さらには大和のもともとの支配者も神武天皇の系統でなかったことになる。後世の文献で、「彦火火出見尊＝山幸彦」としたり、邇邇芸命の「第四子」としたりするのは、この事実を隠すためではないだろうか。

「彦火火出見尊＝浦嶋子」とする伝承は長らく顧みられることがなかったが、昭和62年（1987）に籠神社でふたつの鏡が見つかったことから考古学界で注目を浴びることになった。息津鏡は近くの墳墓から出た埋葬品である可能性もあるが、辺津鏡は京都大学名誉教授・樋口隆康氏によって籠神社の伝世品であると断定されたのである。

実際、『日本書紀』にも、彦火火出見尊の支配を思わせる記述がある。

神武天皇の東征のときのことである。天皇が大和の国に着くと、長髄彦《ながすねひこ》が来て「この国は天神の御子・彦火火出見尊が先に降られ、統治しておられます。天神の御子に二種あるはずがありません。なぜ、天神の子と名乗り、人の国を奪おうとするのですか?」と申し上げた。

神武天皇が「天神の子はたくさんいるのだ。彦火火出見尊が本当の御子であるなら証拠をもっているはずだ」というと、長髄彦は彦火火出見尊の天羽羽矢《あめのははや》1本と歩靫《かちゆき》を見せた。神武天皇はこれを本物と認め、自分も天羽羽矢一本と歩靫を見せた。

これを聞いた彦火火出見尊は、神武天皇が正当な君主であることを知り、軍勢を引き、恭順した。神武天皇は先に降った神が忠誠を誓ったことに褒美を取らせた。この彦火火出見尊の子孫が物部氏《もののべ》である。

『姿八景　姫垣の晩鐘・浦島の帰帆』
国立国会図書館所蔵

これらの情報を整理すると、彦火火出見尊は〝海部氏〟と〝物部氏〟の祖であることがわかる。

さらに、彦火火出見尊は邇邇芸命より先に降臨して、丹後地方を治めていたようだ。物部氏の最初の勢力地は生駒《いこま》山麓の日下《くさか》であった。これは浦島伝説を語り継いだ日下部氏につながる。彦火火出見尊を祖とする氏族が、大和朝廷よりも先に丹後に勢力を広げていたことは間違いない。

さらに丹後は古墳地帯としても有名である。銚子山《ちょうしやま》古墳や明神古墳クラスの古墳をつくるだけの力を持ち、天孫降臨伝説をもつ籠神社を祀った海部氏族による王朝があったと考えられるのだ。

浦島伝説は先住民族であった海部氏族によって語り継がれ、地域伝承として全国に伝播していく。『丹後国風土記』では自分たちの先祖である日下部氏の始祖伝承として詳細に記された。だが、大和朝廷の記録である『日本書紀』では丹後の民間伝承として数行触れているに過ぎない。

こうしてみると、海幸彦の山幸彦への服従という記述の裏にも、大和朝廷の隼人王朝への侵攻という歴史が隠されていると想像できる（118ページ参照）。

唯一神話にルーツを持つ昔話「浦島伝説」。そこには大和朝廷に滅ぼされた海部氏らの悲しい歴史が秘められていたのである。

Taboo 11

日本でも日常的に行われていた奴隷売買！

戦場で女子供を拉致！日本にも奴隷市が存在した

奴隷売買といえば欧米での出来事のように感じる人も多いはず。けれど、日本でも古代から行われてきた。そこで、日本の奴隷狩りと売買の歴史をひもとく！

戦場は「稼ぎ場」だった

武将たちの華やかな合戦、奇抜な作戦――群雄割拠の戦国時代は天下取りに生きた男たちのロマンに満ちている。だがその裏で、敗残兵や負けた国の民がどういう運命をたどったかはあまり語られない。

戦場で雑兵たちが人狩りを行い、奴隷市にかけていたこと、それが戦国時代の常識であり、時に大名公認の行為だったことを知る人は少ないだろう。奴隷は国内で酷使されるのはもちろん、東南アジアやヨーロッパに「輸出」されることもあった。

そもそも「戦争」とは世の東西を問わず、最大の産業といわれる。日本国内でもすでに3世紀半ばに奴隷についての記述が残っている。『魏志倭人伝』で卑弥呼が魏の皇帝に献上したとされる「生口《せいこう》」とは戦争奴隷のことであった。

平安時代後期、身分制度の崩壊が進むと貧困者による人身売買が横行し、ひとつの産業として定着した。仲買人は「人商人《ひとあきびと》」と呼ばれ、掠奪は貴重な収入源とされた。源平合戦でも、和泉《いずみ》国に来た鎌倉の兵が民家に押し入り財産を奪い、牛馬と共に女子供を連れ去るなどの狼藉を行ったことが記されている。

南北朝時代になると倭冠《わこう》たちが朝鮮や中国で奴隷狩りを行った。

そして、戦国の約100年は全国規模で自然災害や異常気象が続き、飢饉《ききん》や疫病《えきびょう》が毎年のように発生した時代であった。農民は戦争のたびに徴兵され、田畑は荒れた。この時代、軍勢とひと口に言っても武士は2割程度で、残りは農民である。彼らにとって飢餓は身近なものであった。

だが、戦争が起これば、掠奪暴行が大っぴらに許された。農兵や野盗、山賊たちは食料や財産を奪い、人を拉致しては売り飛ばした。合戦が終わると人身売買の市が立てられたともいう。

大名たちも雑兵たちが行う人の売買に関しては野放しであった。下手に厳しく取り

『大坂夏の陣図屏風』左隻部分。この図屏風には、大坂城周辺で繰り広げられた各将たちの激戦の様子とともに、逃げまどう女たちが徳川軍の兵士たちによって拉致される状況も描かれている。家康は戦場外での人取りは禁止したが、敵地であればこれを認めると告げていた。それを裏付けるかのように、図屏風には家財道具を持って川を渡る人々、着物を兵に差し出して許しを請う男の姿なども見られる。
大阪城天守閣所蔵

締まれば、兵の意気を削ぐ結果にもなりかねなかったからである。それどころか奴隷狩りは、恩賞のない雑兵たちへの褒美であるとともに、領国を豊かにする方法のひとつとも考えられていたのだ。

雑兵にしてみれば、馬や女を連れ帰って売り払えば金になった。村の過疎化を防ぐため、子を産む道具として掠奪結婚することもある。また、敵兵を生け捕りにすれば農耕奴隷として耕地の復旧や開拓のために酷使することもできた。

合戦が起こり、他国へ出兵するたびに暮らしは豊かになる。だからこそ、飢饉や凶作で食うに困った者たちは自ら雑兵として戦場に向かったのである。

戦国大名の奴隷狩り

ルイス・フロイスの『日本史』には九州での合戦で行われた奴隷狩りについて詳しい記述が残っている。

天正6年（1578）の耳川《みみかわ》での直接対決以来、大友氏（豊後《ぶんご》）と島津氏（薩摩《さつま》）

による九州の覇権をめぐる争いは激化する一方だった。だが、キリスト教を信仰する宗麟《そうりん》の政策に反目し、島津氏と内通する家臣も出たことで、大友氏は次第に劣勢になっていく。

天正13年に秀吉は島津氏と大友氏に対して和睦し停戦するよう命じているが、島津氏は聞き入れなかった。このため、大友宗麟は有名な茶器を献上し、秀吉に援助を求めている。

この状況のなか、島津氏は豊後侵攻を敢行した。

薩摩軍が豊後の南郡を通過したときのことである。フロイスは「最大に嘆かわしく思われたことは、薩摩勢が実におびただしい数の人質、とりわけ婦人・少年・少女たちを拉致するのが目撃されたことである。これらの人質に対して、彼らは異常なばかりの残虐行為をあえてした」と記している。

さらに、薩摩軍はこれらの人質を肥後《ひご》に売り、肥後もまた彼らを高来《たかき》（島原半島）に連れて行って売り渡している。「彼らは豊後の婦人や男女の子供を二束三文で売却した。売られた人々の数はおびただしかった」という。

また、「当地方に渡来するポルトガル人・シャム人・カンボジア人らが、多数の日本人を購入し、彼らからその祖国・両親・子供・友人を剥奪し、奴隷として彼らの諸国へ連行している」とあるから、豊後の人質たちは海外へも奴隷として売られていったことがわかる。

秀吉は天正15年（1587）に「伴天連《ばてれん》追放令」内で日本人奴隷売買と日本国内での人身売買を禁止している。

一方、島津義久《よしひさ》に宛てても「豊後で乱取した男女は、島津領内をよく探して、豊後に返せ。人の売買はいっさい止めよ」と書簡を送っている。

秀吉が「人身売買」をこれほど禁止したのは、島津氏が豊後で行った「乱取《らんどり》」と呼ばれる大規模な奴隷狩りがあまりに酷かったからであろう。

だが、その秀吉も晩年に2度にわたる朝鮮出兵を行っている（詳細は36ページ）。戦場には日本から多くの商人が渡り、老若男女をとわず戦争捕虜を買い取った。彼らは長崎の奴隷市場からポルトガル商人を通じてヨーロッパに連れて行かれたという。大名たちが日本に連れ帰った捕虜もいて、その場合は農耕奴隷として酷使された。

なお、大友氏は宗麟の嫡子・義統《よしむね》が継いだ。しかし、朝鮮侵攻時に小西行長《ゆきなが》の救援要請を無視し、城を棄てて敵前逃亡したため、秀吉を激怒させている。豊後は改易《かいえき》され、秀吉の直轄領となった。こうして北九州を制した名門大名・大友氏は没落していったのである。

Taboo 12

江戸時代の取り調べ、拷問の実態とは!?

大江戸拷問記！伝馬町大牢の実態

奈良時代には公式に制度化された刑罰。いつの時代も過酷な拷問は行われてきたが、江戸時代になると殺さずに苦痛を与える残酷な知恵が加わった！

日本の拷問の始まり

日本で拷問が正式に制度化されたのは奈良時代で、すでに『大宝律令』には訊杖《じんじょう》（約1メートルの細い棒）で打つ刑について記されている。

これは、罪の疑いが濃厚であるにもかかわらず自白しない者に対して、背中15回、尻15回を打つというものだった。それでも自白しなければ、20日以上の間隔をあけて再度行われた。

打つ回数は合計２００回以内と決められており、皇族や役人など特権階級、子供、老人、出産間近の女性には行われなかった。

ただし、国家への反逆罪については、身分にかかわらず、回数も上限なしで杖打ちが続けられ、それによって命を落とす者もあった。

その後の『養老律令』には実刑として死刑、流罪のほかに笞打《むちうち》、杖打、強制労働があった。しかし、同時に〝贖銅《しょくどう》〟という罰金刑も導入されており、役所に銅（当時は銅銭のほか、布、稲などもお金代わりに用いられた）を納めることで刑を免れることができたという。その値段はというと、笞打10回に対して銅1斤《きん》（約６００グラム）程度。現在の貨幣価値にすると、一説には20万円程度といわれている。

拷問は基本的には罪を自白をさせるのが目的で、苦痛を味合わせて殺すのが目的ではない。江戸時代のキリシタンへの拷問も、棄教《ききょう》させることが目的である。ちなみにイエス・キリストが受けた磔刑は、古代ローマの処刑法で、いかに殺さずに苦痛を与えられるかをテーマに考え出された。

当初は大地に1本の棒を建て、両手を縛り持ち上げてつるしていた。だが、これだと横隔膜の収縮が妨げられ、すぐに窒息死してしまうのである。そこで、棒のてっぺんに横木を乗せて、そこに両手を広げさせて両手足を釘で打ち付けた。つまり、当初は十字架ではなくT《タウ》十字だった。これで呼吸は楽になったが、全体重が傷口にかかった。飢えと渇き、野犬にも悩まされながら、苦痛のうちに死んでいったのである。

このような拷問は、死刑を宣告された国家反逆者などに対して行われるもので、多分に見せしめの意味があった。

江戸の刑罰

江戸時代の刑罰はかなり複雑化するが、見せしめのために厳罰主義となっている。牢獄はもとは南町奉行所の近く常盤橋門外にあったが、慶長年間に小伝馬町《こでんまちょう》に移転され、明治8年（1875）に廃止されるまでその役割を全うした。

町奉行の下に牢屋敷を管理する囚獄《しゅうごく》（牢屋奉行）・石出帯刀《いしでたてわき》がおり、この役職は世襲である。牢獄といっても現在の刑務所よりは拘置所といったほうが適切で、罪人を尋問するための拷問が行われていた。

その方法について、江戸奉行吟味与力《ぎんみよりき》を勤めた佐久間長敬《おさひろ》が晩年に書き残している。彼自身が目の当たりにし、実際に行ったことが記された内容は今読んでも身に迫るものがある。

幕府が定めた四種の拷問とは「笞打」「石抱《いしだき》」「海老責《えびぜめ》」「釣責《つるしぜめ》」をいう。「笞打」「石抱」「海老責」は昔から伝わっている方法で、これらを〝責問《せめどい》〟と言い、幕府は「釣責」のみを〝拷問〟と呼び区別した。

拷問は町奉行の管轄下にあり、与力が執行した。記録を取る者や幕府の御目付《おめつけ》、牢屋医者が拷問に立ち会い、囚人に何かあれば医者がすぐに手当てを行った。

また、拷問が終わると囚人に気付け薬を与え、脈を診ている。拷問の目的は自白させることにあり、そのために役人は慎重にことを進めたのである。

幕府公認の四種の拷問

●笞打とは?

囚人は手鎖を外され、もろ肌を脱がされ、下男によって太縄で縛り付けられる。左右の腕先は背後の肩まできつく締め上げられ、その縄先を前後に引き分けて、囚人が動けないようにした。これだけでも相当な苦痛である。

打役は拷問杖で囚人の肩を力いっぱい打ち叩く。場合によっては打役ふたりが左右交互に叩くこともあった。皮膚が破れ、血が出ると、下男が傷口に砂を振りかけ血止めを行い、その上をまた杖で打った。

数にして150回程度打ち、白状すれば拷問は終了である。

●石抱とは?

「笞打」で白状しなかった者は「石抱」の拷問に移る。

これは真木(十露盤《そろばん》板とも)という三角板の上に囚人を座らせ、膝に石板を5枚重

徳川時代の刑法

正刑		
呵責	叱り／急度（きっと）叱り	叱責の上、放免する
押込		10日以上、100日以内、家居させる
敲（たたき）	軽敲（50回）／重敲（100回）	庶人に行う。ほうき尻をもって背を打つ
過怠末居（かたいまっきょ）	軽50日／重100日	女子及び15歳未満の男子で、敲刑にあたる者に行う禁固刑
追放	所払い	居村、居町から追放
	江戸払い	品川、板橋、千住、四ッ谷大木戸から追放
	江戸十里四方追放	日本橋から半径五里への立ち入りを禁止
	軽追放	江戸十里四方、京、大坂、東海道筋、日光、日光道中から追放
	中追放	武蔵、山城、摂、泉、大和、肥前、東海道筋、木曽路、下野、日光道中、甲斐、駿河から追放
	重追放	右の他に相模、上野、安房、上総、下総、常陸、京はさらに河内、丹波、近江から追放
遠島	伊豆七島（江戸）、隠岐、壱岐、天草五島（関西）	
死刑	下手人（げしゅにん）	牢内で首を切る
	死罪	牢内で首を切る
	火罪（かざい）	引き廻しの上、火あぶり
	獄門（ごくもん）	牢内で首を切り、市中に晒（さら）す
	磔（はりつけ）	磔にして槍で殺す
	鋸挽（のこぎりびき）	通行する希望者に竹鋸で首を挽かせ、後に槍で殺す

区分		刑名	内容
属刑		晒（さらし）	本刑前に1日引き廻し、刑後に3日刑場に晒す
		入墨（いれずみ）	盗犯に行う刑で、手や額などに入墨。各地で異なる
		闕所（けっしょ）	本刑の軽重によって、動産、不動産を没収する
		非人手下（ひにんてか）	重い場合は遠島の上、非人籍に編入する
閏刑（じゅんけい）	士族	逼塞（ひっそく）	門扉を鎖（とざ）し昼間の出入りを禁ずる
		閉門（50日／100日）	門扉を鎖し竹槍を構えて奴婢の出入りを禁ずる
		蟄居	閉門と同じ。ただし、一室内に蟄居
		隠居	隠居し、その扶持を子孫に渡す
		永蟄居	終生、蟄居させる
		改易	永く士族以上を除籍し、その扶持を没収する
		預（あずけ）	無期で他家に禁錮する
		切腹	自ら腹を切らせる
		斬罪	正刑の死罪と同じ
	僧侶	晒	市上に拘縛し、公衆に3日晒し、本寺に渡す
		追院／退院	官職をとき、寺に帰るのを禁ずる
		一派構（いっぱがまえ）	宗門の一派を除却する
		一宗構（いっしゅうがまえ）	一宗を除却する
	庶人	過料（かりょう）	納められなければ手鎖となる
		閉戸（20日／30日／100日）	門戸を鎖し、営業を停止する
		手鎖（30日／50日／100日）	両手に手錠をかける
	婦人	剃髪（ていはつ）	頭髪を剃り、親族に下げ渡す
		奴（やっこ）	本籍を除し、請者に下付し奴とする

『江戸牢獄・拷問実記』ほか参照。

ねるというものである。

石板は1枚約50キログラム。250キログラムを膝の上に置かれた囚人はたちまち口から泡を吹き、鼻水を出すという。

大抵は5枚も積めば気絶してしまうので、拷問はそこで中止する。白状しなければ、日を置いてまた行い、そのときは石板の枚数を増やす。白状するまでこれを続ける。初日にいきなり10枚積むのは稀なことであるという。

10枚積んで4~5時間おくと、囚人は全身蒼白になり口から泡や血を吐く。そこで下男は石板を揺り動かす。するとスネが真木に食い込み、その痛みは骨が砕けるほどであった。この責めを受けたために足が萎《な》え、不具になってしまう者もいた。

足先から色が変わり、蒼白色が腹まで上がってくると、囚人の命は消える寸前。これ以上続けるかどうかは与力の判断に任せられる。

拷問を中止するときはすぐに石板をおろし、囚人を釣台に乗せて仰向きに寝かせる。気付け薬と冷水を与えたら、牢内に運び戻すのである。

●海老責とは?

「笞打」や「石抱」でも白状しなかった者に行われるのが、「海老責」であった。これは他の拷問を受けて弱った体が回復するまで数日待ち、拷問蔵で行われる。

まず、囚人を下帯1枚にする。両腕を後ろ手に固定し、アグラをかかせ、両足首を重ねて縛る。そして、足首があごにつく高さまで引き上げて絞るのだ。

このまま30分も経つと全身は真っ赤に染まり、冷や汗も出なくなる。それから一時間すぎると体は紫色から暗蒼色に変わり、蒼白になる。こうなると命にかかわるのですぐに縄を解くが、ここまで耐える者は滅多にいないという。

この拷問は全身が紅潮して海老のように見えるから、もしくは海老のように腰を曲げて縛られるから「海老責」の名が付いたといわれる。

●釣責とは？

先の三種の拷問でも白状しなかった者に対して行われるのが「釣責」である。

囚人を上半身裸にし、手を後ろにねじり上げる。腕が重なった部分に和紙と藁《わら》を巻き、その上から縄で縛り、縄尻を胸元に回して梁《はり》に引き上げるのである。

自分の体重で縄が皮肉に食い込んで、気絶しても苦痛で意識を取り戻すほどだった。「釣責」はせいぜい2時間が限度で、それでも足の爪先から血が滴り落ちたという。

基本的に拷問とは、死罪に相当する悪事が明らかでありながら、本人が白状しないときに行われるものであった。そのため証拠が挙がらない囚人に関しては、拷問できないのが建前である。

ただ、拷問によって囚人が死んだ場合は、それが過失や故意でない限り、町奉行や与力が罰せられることはなかった。

Taboo 13

実話が恐怖のスパイスとなり怪談ブームに沸いた江戸！

江戸人は怪談がお好き!? 本当にあった怖い話

怪談好きは今も昔も同じだが、現在に語り継がれる名作が生まれたのは江戸時代。特に男女の仲がこじれた末の祟りは、我が身を省みて人々を恐怖させた!?

「百物語」のルーツは鳥羽上皇にあり

新月の夜、100本の灯心《とうしん》を立てた行灯《あんどん》を用意した部屋に数人で集まり、怪談をひとつするたびに灯心を消していく。99話が終わり、100本目の灯心が消されたとき、闇の中で真の怪が起こる……今では誰もが知っている「百物語」という遊びは、江戸時代に粋人の間に広まった。

時間が経つに従って、部屋はどんどん暗くなっていく。そのなかで怪談を聞くと怖さはいっそう増してくる。彼らはそんな趣向を楽しみ、99話で止めて朝を待つのが暗黙の了解だったらしい。『伽婢子《おとぎぼうこ》』（寛文6年・1666）には百物語の作法が詳細に記されている。

しかし、この「百物語」の起源は、実は平安時代までさかのぼる。

鳥羽《とば》上皇が灸治《きゅうじ》を受けるときに退屈を紛らわせようと、近侍《きんじ》たちに物語をさせた「巡物語」がその始まりだという。また、寺院での夜通しの勤行《ごんぎょう》や宮廷や城内で夜伽《よとぎ》の番を勤める者たちが、目覚ましのために行っていたことも記録に見える。

それにしても江戸人は怪談・奇談が好きだった。

『諸国百物語』（延宝5年・1677）、

『怪化百物語』三木愛華（愛花仙史）著。
国立国会図書館所蔵

『御伽《おとぎ》百物語』（宝永3年・1706）など、〝百物語〟を冠した本が多数出版されたほか、江戸中期には上田秋成《あきなり》による名作『雨月《うげつ》物語』（安永5年・1776）が完成している。

怪談と歌舞伎

歌舞伎でも『東海道四谷怪談』『皿屋舗化粧姿視《さらやしきけしょうのすがたみ》（皿屋敷）』『伊達競阿国戯場《だてくらべおくにかぶき》（累《かさね》）』など、怪談に想を得たものが多い。

●東海道四谷怪談

四谷怪談はもともとは鶴屋南北《つるやなんぼく》の作品で、『仮名手本《かなでほん》忠臣蔵』の外伝として上演される。

基本的な展開は、「貞女であるお岩が夫・伊右衛門《いえもん》に殺され、幽霊となって復讐する」というものであるが、実はこのモデルとなる事件が元禄時代に起こっていた。田宮又左衛門《またざえもん》の娘・お岩は、浪人・伊右衛門を養子に取り幸せに暮らしていた。しかし、伊右衛門は心変わりをし、一方的な離縁をしたために、お岩は狂乱の末に行方不明になった。それから田宮家に不幸が続き、お岩の魂を慰めるためにお岩稲荷（新宿区）を建てたという。なお、お岩の墓は妙行寺（豊島区）にある。

●皿屋舗化粧姿視

この作品は、井戸に現れては皿を数えるお菊の姿が有名な怪談である。

物語には複数のヴァリエーションがあるが、10枚1組の家伝の皿を割ってしまったお菊が主人に手討ちにされ、井戸に投げ捨てられる（井戸に吊り下げられ1本ずつ指を切られたとも）。その後、成仏できぬ霊が井戸に現れては皿を数えるというもの。この怪談は播州《ばんしゅう》姫路城、摂州《せっしゅう》尼崎、温州《うんしゅう》松江でも語られている。

元になったのは、稀代《きだい》の悪女・千姫が番町に住んでいた頃、愛人の侍とその恋人であった侍女を殺し、井戸に投げ込んだという伝説である。なお、番町の帯坂は、折檻《せっかん》に耐えかねたお菊がほどけた帯をひきずって逃げた坂なのだという。

『新形三十六怪撰』の「皿やしきお菊の霊」大蘇芳年筆。
国立国会図書館所蔵

●伊達競阿国戯場

これは、伊達騒動に累伝説を組み合わせた桜田治助《じすけ》作の歌舞伎である。

「累」とは怪談の女主人公の名で、下総《しもうさ》国の百姓・与右衛門の妻である。母親が醜い子を川に流して殺した祟りを受けて、累は非常に醜い顔で生まれてきた。その上、性格も嫉妬深く、耐えかねた夫に殺され鬼怒川に捨てられる。与右衛門が再婚するたびに累の怨霊が取り付いて次々と殺していくが、最後に祐天上人《ゆうてんしょうにん》の祈念を受けて成仏した。

歌舞伎作品には累を主人公にしたものが多くあり、「累物」と呼ばれる。ここで登場する祐天上人は実在の人物で、5代将軍・綱吉の生母・桂昌院《けいしょういん》が深く帰依《きえ》したことでも知られる。

お岩・お菊・累の3人に匹敵する男の幽霊といえば、小幡小平次《こはだこへいじ》が挙げられる。幽霊役が上手で「幽霊小平次」の異名をとった小平次は、妻であるお塚の愛人・左九郎に海へ突き落とされ殺される。だが、左九郎がお塚の元に帰ると、なぜか小平次が床に伏せっていた。その後、左九郎とお塚

には怪異が起こり、「これは小平次の怨霊のせい」と恐れた。結局、ふたりは非業の死を遂げる。

その間も小平次は舞台に立ち、その演技はますます評判になっていったという。生前から幽霊役に長《た》けていたため、本当に幽霊になって客の前に現れても、死者と気づかれなかったのである。

この話は山東京伝《さんとうきょうでん》が読本《よみほん》『復讐《かたき》奇談《うち》安積沼《あさかのぬま》』を書いたことで人気となったが、実は小平次にはモデルになった役者がいた。彼もまた妻の愛人に印旛沼《いんばぬま》に沈められ殺されたのだという。

「錦絵　小幡小平次」一寿斎国貞画。右端が安達左九郎。隣が小幡小平次。
国立国会図書館所蔵

Taboo 14

英雄ヤマトタケルに斃された一族の悲惨な末路とは？

動物にされた人々 大和朝廷の異民族討伐

勝者が残した歴史書は、真実を語っているとは限らない。神話や伝承に登場する妖怪や蛮族と表現される未開の民。彼らの真の姿とはいかなるものか!?

英雄ヤマトタケルを苦しめた勇猛なる辺境の民とは？

『古事記』『日本書紀』が示すのは大和朝廷が残した勝者の歴史である。

神話時代を経てそのはじまりには、神武天皇の東征や景行天皇の命を受けて西国の熊襲《くまそ》征伐を行うヤマトタケル（倭建命・日本武尊）の姿が描かれており、朝廷が全国を統制していく過程を読むことができる。

しかし、初期の大和朝廷は中央集権と呼べるほど強大な権力を持っておらず、東北や関東、九州にはまだ強大な豪族が勢力を張っていた。

　朝廷は〝辺境〟に住む中央にまつろわぬ者を異民族として討伐の対象にした。その最たるものが「蝦夷《えみし》」であり、「土蜘蛛《つちぐも》」であり、「隼人《はやと》」である。辺境とは、もちろん大和朝廷サイドからの一方的な視点で、彼らが自らそう表したわけではない。「蝦夷」は「毛人」とも書かれ、東の夷の国に住む民をいう。これをアイヌ民族とする説もあるが、現在では特定の民族を指す言葉ではないと考えられている。

　彼らは冬は穴の中に住み、飛ぶ鳥のように山を登り、獣のようにすばやく草地を走り、王に従わない強力な民であった。

　西征を終えたヤマトタケルは、父王の命令ですぐにこの蝦夷征伐のため東国へ向かう。それは軍兵も与えられない過酷な戦《いくさ》だった。海峡の神が波

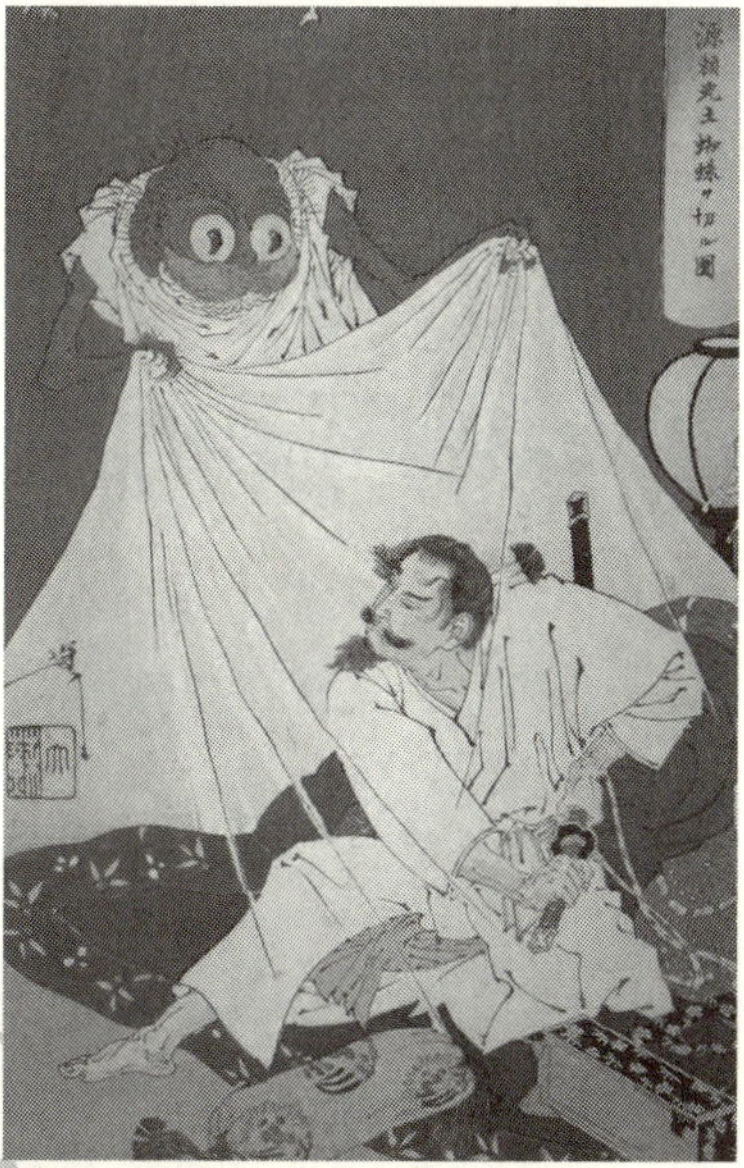

『新形三十六怪撰　源頼光土蜘蛛ヲ切ル図』
国立国会図書館所蔵

を起こして行く手を阻むと、妻である弟橘媛《おとたちばなひめ》が身を呈して神をなだめた。

妻の死を嘆きながらもヤマトタケルの東征は続く。

彼は東国の神や人を平定し、やがて自分の命も落とすのだが、ここで蝦夷が荒ぶる神と同列に扱われているのは、中央からみて蝦夷がいかに畏怖すべき存在であったかの証明といえよう。

また、「蝦夷」は「竪穴住居に住み、五穀を持たず肉を食し、矢や刀で人を襲う」と、いかにも辺境に住む未開の民のように描かれているが、実際は東北地方から弥生時代前期の水田跡が発見されている。つまりすでに稲作を行っていた民を、朝廷への反逆者として印象付けるために野蛮な狩猟民と捏造《ねつぞう》した可能性もある。

「土蜘蛛」も神武東征説話で討伐の対象とされた異民族で、その姿は「尾があり」「体が短く手足が長い」とされている。彼らは穴居し、果実やカエルを食料とする地に潜む邪悪な者として描かれている。

『常陸国風土記《ひたちのくにふどき》』には国巣《くず》の人々のことを「ツチグモ」「ヤツカハギ」と呼ぶと記されている。「ヤツカハギ」とは「長い脛《すね》」という意味で、土蜘蛛の特徴と一致する。

ここでも彼らは大和朝廷に逆らう集団として扱われている。

隼人族の祖・海幸彦vs神武天皇の祖・山幸彦の対決！

九州でもっとも激しく朝廷に抵抗したのが隼人であった。ちなみにヤマトタケルが西征の際に戦った熊襲は、この隼人と系統が同じと考えられているが、〝熊襲〟の名は神話にしか登場しない。大和朝廷も隼人にはひどく手を焼いたらしく、記紀神話のなかでも特徴的である。

「浦島太郎伝説」のところで詳しく紹介したが、隼人族の祖先は火照命《ほでりのみこと》とされており、これは別名・海幸彦《うみさちひこ》である。

「山幸彦《やまさちひこ》海幸彦」神話のなかにこのような話がある。

山幸彦が兄の海幸彦に釣り針を返すとき、「この針は貧乏針悲しみ針」といって、後ろ向きに渡した。すると海幸彦は思うように漁ができなくなり、瞬く間に貧しくなっていった。これは海神《わだつみ》が山幸彦を守っているからであった。

海幸彦が攻めてきたので、山幸彦は塩満玉《しおみつたま》を使って兄を溺れさせ、降参すると塩乾玉《しおふるたま》を出して救った。海幸彦は山幸彦への服従を誓い、溺れたときの姿を演じて芸人として仕えたという。

『日本書紀』によると、隼人舞はふんどしをつけ、手のひらを赤く塗り、徐々に水に沈みながら苦しむ様子を真似たものだという。これは隼人族の服従を意味したものであろう。

この舞は大嘗祭《おおにえのまつり》（天皇の即位後、最初の新嘗祭《にいなめのまつり》のこと）でも演じられ、天皇行幸の際には犬の遠吠えを真似て声を発して悪霊から守った。海幸彦と山幸彦が兄弟とされているのは、大和朝廷と隼人の問題がいかに大きかったかを示している。南九州で勢力を広げていた隼人族は勇猛果敢で、最期まで朝廷を悩ませた民であった。

隼人族の反乱を鎮めた宇佐八幡神

大分県の宇佐《うさ》八幡宮には、奈良時代に起こった隼人と朝廷との戦いが起源となっている「放生会《ほうじょうえ》」という行事がある。放生会とは本来は不殺生の思想に基づき、捕らえられた鳥や魚などを山野や池沼に放ち返してやる仏教の儀式をいう。

養老4年（720）、大隅《おおすみ》と日向《ひゅうが》の隼人族が反乱を起こし、大隅国守を殺害した。討伐軍の大将には、万葉歌人としても知られる大伴旅人《たびと》が命じられた。

朝廷が戦勝祈願をしたところ、宇佐八幡神は僧侶を引き連れ、自ら出陣するという託宣を下した。

そして、宇佐八幡神を乗せた神輿《みこし》は南に下った。法蓮、華厳、覚満、体能ら僧たちは竜頭《りゅうず》の船を出し、陸には狛犬《こまいぬ》を、空には水鳥を飛ばして隼人を圧倒した。その力に驚いた隼人たちは7つの城に籠城する。

奴久良《ぬくら》・幸原・志加牟《しかむ》・神野・牛屎《うしくそ》の5つの城は陥落したが、石城《いわき》と比売之《ひめの》城は最後まで抵抗した。すると千手観音の随神《ずいしん》が現れ、細男舞《くわしおのまい》を舞って見せた。神が帰ると、隼人たちは蟹、蜷《にな》(巻き貝)、蛤《はまぐり》に姿を変えられていたという。

この反乱で殺された隼人族は1400人ともいわれ、鹿児島県隼人町と国分市には彼らの墓である「隼人塚」が祭られている。また、宇佐八幡宮の近くにも持ち帰った隼人の首100個を埋めた「凶士塚《きょうしづか》」がある。

その怨霊は国中に病気をもたらしたため、怒りを鎮めるために境外末社「百体社《ひゃくたいしゃ》」がつくられた。

そして、神亀3年(726)、さらに放生会の神託が下され、天平16年(744)には和間ノ浜で鎮魂の儀式が行われた。海まで神輿を進め、細男舞を奉納し、隼人たちの生まれ変わりである蜷を海に放ち、隼人族の霊を鎮めたのである。

隼人の慰霊のためにつくられたとされる隼人塚。

迫害される異端！吹き荒れる魔女狩りの嵐

教会の命令が発端となった中世の大虐殺！

魔女を焼く黒煙におおわれたヨーロッパ

14～17世紀のヨーロッパでは、教会による魔女狩りが熾烈《しれつ》を極めていた。正確な数は不明だが、この300年間に拷問によって殺された犠牲者は、数十万とも数百万ともいわれる。

魔女狩りの背景には当時の社会不安があった。全人口の3割の命を奪った黒死病（ペスト）の流行、極端なインフレなど、民衆は極度な不安にさらされていたのである。彼らは疫病《えきびょう》や農作物の不作が起こるたび、それらを引き起こしているのは魔女のしわざと考え、残酷な「魔女狩り」によって行き場のない不安のはけ口とした。

一方で、カトリック教会の動きも見逃せない。ヨーロッパに広がった宗教改革運動に対抗すべく、ローマ法王は修道会による異端審問を強化させた。これが「魔女狩り」の前身である。法王の命令を受け、司教や官憲以上の権限を持った異端審問官は、魔女の撲滅を至上の使命とし実行した。

特に迷信深いヨハネス法皇は魔女狩りの解禁を明言すると、毎年のように魔女狩りの強化令を発布した。そのため、14世紀には異端審問官による魔女狩りが横行し、15世紀になるとその狂気は頂点に達したのである。

密告されたら最後、生きて帰れない魔女裁判

「魔女は生かしておいてはならぬ」という聖書の一節を忠実に守り、異端審問は徹底的に行われた。

14歳以上の男性、12歳以上の女性には密告の義務があり、それを怠ると自分が監獄に送られる。そのため人々は疫病が流行ったり、天候不順で農作物が不作だったりするたびに、日頃好ましく思っていない人物を魔女だとはやしたて、人を陥れるとともに自身を守った。子供が親を、親が子を密告することはあたり前で、誰を信じていいかはもうわからなかった。

一度「魔女」の噂が立ってしまえば、それを撤回するのは不可能である。怪しげな噂だけですぐに逮捕され、魔女裁判にかけられたからである。

魔女とされた人々のほとんどが純朴な農民であった。これは何かの間違いで

あると信じて裁判にのぞみ、また果敢にも自分の潔白を当局に訴えた者もいた。

だが、教会にとってみれば魔女と確定すればその財産を全額没収することができる。現に財産没収が認められている地域では魔女が極端に多く発見され、認められていない地域での魔女は少なかったという。つまり魔女裁判は財産没収が目的であり、審問・自白のための拷問・魔女の宣告・処刑は流れ作業であった。

また、教会はひとりでも多くの魔女を探すため、共犯者を白状するまで拷問を続けた。なお、この場合の魔女は「女性」だけではない。資産家たちも周囲の妬みから「魔女」と密告された。魔女とされた者は自分を陥れた人々を道連れにしようと自供したため、共犯者は際限なく増えていった。ひとりの魔女から１００人もの共犯者の名が上がったこともあるという。

魔女裁判は処刑を前提としていたため、行われる拷問は考えられる限り残虐なものであった。

まず、魔女の嫌疑をかけられた者は、「針刺し法」によって魔女かどうかを調べられた。魔女は使い魔である動物に血を分け与えるので、その体には傷があるとされる。

そこで、被疑者を裸にして拷問台に拘束し、全身の体毛を剃《そ》り落として「魔

World Topics

薬草などの知識があり治療を行ったために、魔女とされ火刑になった者もいた。

女のしるし」を探し出したのである。魔女のしるしとはホクロやあざ、染みのことであったから、誰もが該当した。さらにその部分は魔法によって感覚がなくなっているとされ、全身を針で刺して見つけようとした。まぶたや舌の裏、性器までも針でえぐられるのである。これだけで大抵の者は魔女であることを「自白」した。

　魔女として確定すれば、今度は共犯者を密告するまで拷問が続けられる。「爪剥《は》ぎ」や「目つぶし」は軽いほうであった。「吊り落とし」といって、後ろ手に縛って高い場所にある処刑台に吊るし、一気に縄を緩める方法がある。これは床に突き落とすのではない。縄の長さは床すれすれのところで止まるようになっており、落下の衝撃で全身を破壊するのである。

全体重がかかるため1回目で四肢の関節が外れ、3回目ともなると絶命する者も出た。

他には、両膝《ひざ》を万力《まんりき》で締めつけて肉を砕き、骨を粉砕する「万力責め」や皮のブーツを履かせてその中に煮えたぎった湯や油を注ぐという「ブーツ責め」などがある。

また、火をつけた羽で腋《わき》や性器をあぶったり、ねじの付いた長靴を締めつけてすねの骨を折ったりすることも行われた。気絶さえ許されない激痛のなか、魔女とされた人は拷問吏に言われるまま、共犯者を密告した。

全身の骨を砕かれるまでの拷問に耐え抜いたとしても、最後は火刑に処されることは決まっていた。最後の慈悲として絞首されてから火にかけられるのは特例で、大抵は生きながら焼き殺された。その場合も薪《まき》から昇る煙によって先に気を失ったり窒息死できればいいほうで、一度水をかけて火力を弱めた上でじわじわと焼かれることさえあったという。

PART3

貞淑とはほど遠い!?日本人の「性」文化

Taboo 15

遊廓や岡場所など風俗店の流行とともに梅毒が蔓延！

瘡にかかって一人前!? 恐るべき梅毒の流行

遊び上手こそ「粋」とされた時代、梅毒にかかって一人前という風潮が広まる。世界的にも多くの文化人が感染した梅毒。その蔓延の様子をかいま見る！

鉄砲より早く日本に伝わった梅毒

日本女性が貞淑であるというイメージは、実は明治時代になってからつくられたもので、江戸時代までは男も女も、色事に関してはおおらかな考えを持っていた。とはいえ、江戸時代でも不義密通がばれると獄門《ごくもん》という厳しい罰則があった。それでも密会の場である出会茶屋などは大繁盛。妻の浮気を表沙汰にすれば、恥をかくのは亭主も同じで、実際は黙認されることも多かったらしい。

フリーの若者たちは婚前交渉はあたり前。古くから日本には「夜這《よば》い」の風習があったが、これは江戸時代になっても続けられた。しかし、この時代、夜這いの相手がいるのはいいほうだった。江戸の男女の割合は、参勤交代で地方の武士が集まったこともあり、圧倒的に男が多い。幕府公認の風俗店がつくられ繁盛したのも、あぶれた男たちの性の発散の場だったからだ。

しかし、フリーセックスは、思わぬ感染病を広める結果となる。それが、この時代、世界中に拡大しつつあった「梅毒《ばいどく》」である。

もともと梅毒は、アメリカ大陸にしか存在せず、コロンブスが新大陸を発見した際に現地の女性から感染し、持ち帰ったからという説が有力である。この説にはいくつか理由がある。ひとつは15世紀以前のヨー

大航海時代には多くの航海者が新大陸発見を夢見て大海原に飛び出した。写真はエンリケ航海王子を先頭に同時代の有名な航海者が並ぶポルトガル・リスボンの記念碑「発見のモニュメント」。

ロッパ人の骨には梅毒による変形が見られないのに、アメリカ大陸の先住民の骨からは病変が見つかったこと。もうひとつはヨーロッパでの梅毒の流行とコロンブスの新大陸発見がほぼ同時期だったからである。

さて、日本に梅毒がもたらされたのは1510年代であった。というのは竹田秀慶《けい》が記した『月海録《げっかいろく》』（永正9年・1512）に、すでに「人民に多く瘡《かさ》あり、浸淫《しんいん》瘡《そう》に似たり、これ膿瘡《のうそう》、翻花瘡《ほんかそう》の類にして、見るところ稀なり」とあり、これが梅毒の症状と一致するからである。ヨーロッパ人が日本に来て、鉄砲を伝えたのは天文12年（1543）なので、それより30年も前ということになる。

沖縄と九州の一部では、梅毒を「なばんかさ」「なばる」と呼んだ。これは「南蛮瘡」の訛《なま》りであろう。本州では「ひぜんかさ」という。これは肥前《ひぜん》（長崎）に行った人が梅毒を持ち込んだからである。こうしてみると南から広がったのは歴然としていて、琉球人、中国人、もしくはヨーロッパ人から感染した梅毒が九州を経由して、日本全国に伝わったと考えられる。

遊廓の女たちと梅毒

梅毒に感染すると、3週間程度で性器に硬結《こうけつ》ができ、3ヵ月もすると肌や口の中に赤いしこりができる。太腿《もも》の付け根が腫《は》れることもあるが、痛みがないので気づかないことも多い。そして、ここで症状はいったん消えてしまうので、ほとんどはこれで治ったと思ってしまう。

当時、一度瘡ができて治ると、もう梅毒にかからないと信じられており、店はその遊女を勧め、客も安心して遊ぶ。さらにこの病気にかかると妊娠しにくいことを経験で知っており、色里で働く者にとっては一見いいことずくめである。だが、これは初期症状。感染力が失われたわけではなく、この間にも梅毒はどんどん広がっていく。

リンパ節で増殖した病原体が全身に回りだすと、性器にイボができたり花びらのような赤い発疹がでたりするが、これはできては消えてしまうので、たいしたことはないと思ってしまう人も多かった。

3年も経つと症状は全身に現れる。口の中が腫れ、筋肉や骨に結節《けっせつ》ができ、鼻の軟骨が崩れて、鼻がつぶれてしまう。これがいわゆる「鼻が落ちた」状態である。ここまで容姿が衰えると遊女としては使い物にならない。吉原を追い出され、セックス1回で数百円という最下級の遊女である夜鷹《よたか》になったり、生きたまま投げ込み寺に捨てられた例もあった。

末期に近づくと血管が侵され、動脈瘤ができる。これが破裂して命を落とすことが多い。毒が脊髄《せきずい》や神経にまわると、激しい痛みを伴う悲惨な状態となる。それが脳に達したのが脳梅毒で、痴呆《ちほう》となる。

現在では有効な治療法があるためここまでひどくなることは少ないが、江戸時代では鼻が落ちた人は珍しくなかった。川柳の「親の目を　盗んだ息子　鼻が落ち」とはこのことである。

病気の管理は自己責任という政策が感染を拡大

梅毒は感染力が強い病気である。性病であるから、江戸時代でも感染経路はよく知られていた。吉原などは幕府公認の娼館だったが、病の感染を管理する機関はなかった。幕府の言い分は「体は本人のものであって、責任は自分にある。それに口出しすることは幕府であってもできない」というものである。

16世紀の宣教師ルイス・フロイスは「ポルトガルでは梅毒にかかったらそれは破廉恥で不潔なことなのに、日本人は男も女もそれを普通のこととして恥じていない」と驚いている。それは江戸時代に入っても変わらなかった。客にすれば、むしろ梅毒にかかることは一種の自慢で、遊びを極めていると見られたのである。

だが、鎖国が解かれると、そうも言っていられなくなった。

特にイギリスは世界の海を制覇したあと、各国の性病が国内に持ち込まれ大変苦慮した国であった。そのため、開国した日本に徹底した検梅制度を求めたのである。これには日本も応じないわけにいかず、新吉原など各地の遊廓《ゆうかく》に梅毒病院をつくり、遊

深川の置屋（おきや）の昼間の風景。手前にいるのが梅毒で床についた女郎。
『絵本時世粧（えほんいまようすがた）』東北大学附属図書館所蔵

女の健康管理をするようになった。『解体新書』で有名な杉田玄白《げんぱく》は、回顧録の中で「梅毒ほど世に多い難病はなく、これを治療する人もいない。それで治療法を研究したがどれも効果がなかった。毎年１０００人治療する中に梅毒患者は７００～８００人いた。50年も治療を続け、その患者は数万人というのに全快した者はいない」と記している。

玄白がこれほど真摯《しんし》に取り組んでも治すことができなかった梅毒は、１９１０年に開発されたサルバルサンによって治療も可能になった。だがそれも強い副作用が出る薬で治療には使えなかったという。１９４０年代になってペニシリンによる治療が始まり、ようやく梅毒による死者を減らすことができたのである。

Taboo 16

男余りという実情に幕府も認めた娼館&遊女の料金とは？

吉原太夫から夜鷹まで江戸男の性欲発散の値段！

男余りの社会で繁盛したのが遊廓だった。幕府公認の吉原は金も高いが、女性のレベルも気位も高い。庶民はもっぱら、しきたりもない岡場所に通い詰めた！

遊女の歴史と吉原誕生

遊女の歴史は『万葉集』に確認できるほど古く、もともとは神の声を聞くシャーマン的な役割も担っていた。平安末期頃になると、布教しながら舞や謡《うた》を披露し、色を売る「白拍子《しらびょうし》」や「歩き巫女《みこ》」が登場する。しかし、この時代、遊

女はまだまだ神聖視されていた。源義経の愛妾として知られる静御前《しずかごぜん》をはじめ、高位の人々に寵愛された白拍子も多く、いずれも高い教養を身につけていたといわれている。

それが、江戸時代に入ると、遊女の役割から神事が切り離され、芸能を生業《なりわい》とする者＝色を売るという図式が定着した。幕府によって「芝居小屋」と「遊廓《ゆうかく》」は〝二大悪所〟とされ、遊女は蔑視される存在となっていく。

戦国末期の京の様子を描いた「洛中洛外図屏風」には、町中で客を取る遊女（歩き巫女）の姿が見られるが、江戸時代になると幕府は吉原を公認する代わりに「吉原の外での売春の禁止」を約束させた。遊女を1ヵ所に隔離すれば、市中の風紀の乱れや犯罪を抑えられると考えたのである。しかし、それでも町中での売春はなくならず、幕府は取り締まりを強化した。

『廓（さと）の明け暮』より「朝帰り上客の後朝」。名古屋市博物館所蔵

吉原遊女は庶民には高嶺の花だった

公娼となった〝吉原〟だが、その中には大見世《おおみせ》もあれば下流の見世もある。とり揃えている遊女のランクも違うので値段が変わるのは当然だろう。最高位の太夫《たゆう》（花魁《おいらん》とも）やその下の格子《こうし》がいるような見世は、大名や豪商でなければ遊べないほど高かった。庶民の男性の多くは、店先に並ぶ高級遊女を眺めて満足するしかなかった。

太夫と呼ばれる遊女の最高峰は、容姿端麗であることはもちろん、教養にも優れ、嫌な客なら大金を積まれても断るプライドを持つことが許された。店先に出て客を引くことはなく、自分の部屋で茶屋からの呼び出しを待つのである。吉原初期にはそんな太夫が全体で70名ほどいたという。

幕府は贅沢を禁止したが、太夫は着飾ってこそ華。豪奢な打掛《うちかけ》の下に間着《あいぎ》を羽織り、金襴緞子《きんらんどんす》の帯を前に長く垂らす。高く結い上げたマゲにはべっ甲の簪《かんざし》や笄《こうがい》を十何本も差すのである。その豪華さは「首から上の価値は家1軒分」といわれたほどである。

そんな太夫の金額はというと、揚代《あげだい》そのものは意外にも金1両（6～10万円）程度。ただし、太夫がつれて歩く妹女郎や遣《や》り手への御祝儀《ごしゅうぎ》、見世の関係者に払うチップ、それに飲食代などで1回約20両は必要だった。ただし、いくらお金があっても、いきなり太夫と遊ぶことはできない。

まず「初会《しょかい》」は顔見せということで客が宴席を開く。しかし、上座に座った太夫とは、寝屋を共にするどころか会話さえ禁じられている。本当に〝顔を見せる〟だけなのである。とはいえ、揚代も御祝儀も普通にかかる。そして、2回目の訪問となる。前回よりは太夫も打ち解けて、話くらいはするようになる。しかし、まだ同衾《どうきん》（セックス）は許されない。

ちなみに吉原の上級の見世では、一度指名した遊女を代えられない決まりがあった。同じ見世はもちろん、他の見世に行くことも禁止。〝浮気〟がばれると法外な罰金を要求されたり、吉原へ出入り禁止にされたりすることもあった。どうしてもという場合は遊女と見世に金を払って片をつけた。

3回通って、ついに馴染《なじ》みの客と認めら

太夫が来るのを下座に控えて待つ初会の客を描いたもの。『青楼絵抄年中行事』より「初会之図」。国立国会図書館所蔵

れ、太夫の部屋へ呼ばれるようになる。ここでようやく同衾が許されるが、客はその喜びを〝お金〟で示さなければならない。普段の御祝儀以上に奮発しなければならないのである。

太夫に1回会うのに約100万円。ここまでに最低300万円の投資が必要だったわけである。これが中級クラスなら揚代は2分（約4万円）で、馴染みになるまでの予算は、総額50万円ほどですむ。

太夫がいれば見世は安泰のように思えるが、参勤交代などにより大名が経済力を失い、大名・旗本の吉原通いが禁止されると上客は減っていった。中級の遊女を揃えたほうが経営的には安定したため、吉原中期以降は太夫を名乗る遊女はいなくなった。

吉原のしきたりを破ると、顔に墨を塗られたりして笑い者にされた。『青楼絵抄年中行事』より「倡家之方式」。国立国会図書館所蔵

庶民が通ったのは1万円以下の店！

ただ、この金額でもまだまだ庶民の男は手が出ない。そこで、彼らが行ったのが、吉原の堀に面した「切見世《きりみせ》」だった。ここでは初会から同衾でき、さらに値段も格安だった。料金は線香が燃え尽きるまでの間で100文（約2000円）。ただ遊女たちは線香を折ったり、酒を勧めたりして線香の本数を稼ぐので、実際には400文（約8000円）程度はかかったようだ。これらは吉原の最低ランクだが、それでも吉原遊びの雰囲気を味わえるということで、江戸の町人には人気があった。

一応、非合法になるが、吉原以外であればもっと安く性欲処理をすることも可能である。私娼屋が集まる岡場所《おかばしょ》は、品川なら700文（約1万4000円）、新宿や板橋なら200文（約4000円）が相場だ。

さらにもっと安くなると、夜鷹《よたか》という流しの娼婦がいた。彼女たちは店には所属せずに街角で客を引き、暗がりでゴザを敷いて春をひさぐ。年齢がいっていたり容姿が悪かったりと、それなりの理由があり、料金はわずか24文（約500円）。吉原にいた遊女が性病にかかって夜鷹に転落することもあったが、生活苦から武士の妻女が夜鷹になる場合もあった。夜鷹が品の良い武家の妻とわかると、町人たちは喜んで声をかけたといわれている。

Taboo 17

遊女のレベルもやっぱりアソコの善し悪しで決まった！

セックス指南書が紹介した名器の条件とは？

江戸庶民がセックスに対してあけすけだったことは、セックス指南書や春画が人気浮世絵師によって数多く出版され、よく売れたことからもわかる!?

江戸で人気のセックス指南書による性器のランク付け

江戸時代には、セックスのハウツー本、女性器や男性器、体位の善し悪しを解説した指南書まで、さまざまな性に関する書物が出版されベストセラーとなった。

その先駆けといえるのが『房内経戯草《ほうないきょうたわれぐさ》』（寛文３年・１６６３）で、女性器を仏教の九品《くほん》浄土にたとえ、９段回にわけて分類している。『好色訓蒙図彙《こうしょくきんもうずい》』（貞享３年・１６８６）は京都の絵師吉田半兵衛が性愛や生理に関することを図解で説明した百科全書である。

有名な浮世絵師の渓斎英泉《けいさいえいせん》も性の百科全書を残した。『閨中紀聞《けいちゅうきぶん》 枕文庫《まくらぶんこ》』（文政5年・1822）は日本・中国・オランダの医学書を参考にしたもので、「女が百人いれば女性器も百通りある」と記し、閨房用具の使い方から挿入時の女性器の締まり具合に至るまで、絵入りで指南している。

それらによると、〝上品《じょうぼん》〟（もっとも優れた女性器）とは、肛門から陰核の間が2寸5分（約7～8センチ）以上離れていて、女性器がへそに近いほど高い位置についているものという。これだと交合のときに男性が腰を落とさず深く挿入できるからである。さらに大陰唇がふっくらとして、挿入時に男根を包み込み、膣へ吸い込むようなものは「離れがたい名器」とされ、店としても商品価値が高い遊女とみなす。

〝中品《ちゅうぼん》〟とは女性器が腹よりやや下についた、一般的なタイプ。よくも悪くも普通の女性器である。

〝下品《げぼん》〟は肛門から陰核の間が2寸5分以内の、いわゆる下付きをいう。抜き差しのときに男根が曲がるため、後ろからの挿入しかできない。「快感が期待できない女性器」といわれ、遊女としての成功は難しい。これらは生まれついてのものなので、名器になるための方法など基本的にない。厳しいが、遊女にとってそれが現実だった。

遊廓《ゆうかく》に売られて来た女は、その日のうちに楼主《ろうしゅ》によって品定めをされる。

まず上品か下品かを目視したあと、楼主は女の足を開き、男根を挿入する。これで女性器の具合を体感し、遊女としてどの程度使えるかを確認するのである。

楽しみのためではないので、傷つけないように根元までは挿入せず、射精しない程度に抜き差しを20～30回行う。処女の場合も同様というから、情け容赦はない。ちなみに、この見世《みせ》の主である楼主を「亡八《ぼうはち》」とも呼ぶが、それは人間が持つ8つの徳を忘れるほど冷酷でなければ、務まらない仕事に由来するといわれている。

あとは「商売に励み、客を取ることが自分のため」なのだとよく言い聞かせ、先輩女郎につかせて客あしらいの勉強をさせる。この間、60日ほどは客を取らない。適当な時期が来たら、客の中でも年配の者に勧めて水揚《みずあ》げをしてもらうのである。水揚げに年配者が選ばれるのは、大切な売り物である遊女を傷つけることなく、床入《とこい》りの実践を丁寧に教えるからである。

楼主による検分と水揚げによって、遊女は「天神」か「端《はし》」に等級付けされる。「天神」はいわば太夫候補生のエリートで、性技のほかに芸事も習わせ教養を身につけさせる。「端」は性技に特化させ、単価の安い時間客を相手にすることとなる。この場合、昼間に5人を上限とし、あとは泊まり客の相手をした。

性能アップのために遊女が行った努力とは？

色里に流れ着いた遊女は、苦界《くがい》から脱するためにも、結局の所客に悦楽と満足を与えられるよう努力するしかなかった。

特に女性器の処理は丹念に行った。陰部の毛は抜くか、線香で焼き切っておく。こうすることで交合時の毛切れを防ぐのである。かみそりで剃《そ》ると毛先が尖《とが》って、勃起時の亀頭に傷をつけてしまうので行わない。

性器が異臭を発したら、干し大根を細かく刻んだものを膣に入れ、排尿のたびに入れ替える。こうして30日も客を取らないでいると臭いがなくなるという。また、全体的に黒ずんだ女性器には、くちなしの実の粉を入れて血色を取り戻したりした。

ほかにも女性器自体が大きく締まりがない場合や周りの肉が垂《た》れている場合には、陰核の下の大陰唇や足の付け根にお灸《きゅう》を据えた。一日10回、忌日《いみび》を避けて30日間続ければ効果絶大だったという。

遊廓では女性器を使った芸を身につけることも推奨している。そこで、芋餡《いもあん》を練って男根に似せたものを輪切りにしたり、筆を女性器に挟んで、尻を動かして文字を書いたりした。客が積んだ露銀《つゆぎん》や豆銀《まめぎん》を女性器で挟み取り、それが成功すれば遊女のものになるなど、さまざまな遊びがあった。

これらは初歩中の初歩で、当然手を使ってはならない。客の歓心を得ようと、遊女たちは部屋に戻っては練習をしていたのである。

Taboo 18

容姿や芸の善し悪しより、客の最大の関心事は性技！

客の満足だけを追求！遊女が磨いた床技とは？

客が遊女に求めるものは、結局のところ性欲発散である。ゆえに女たちは研究を重ねて男を満足させる方法を極めた。そんな遊女の床技とはいかにすごいか!?

性技の原型がここに

文学や舞踊、茶道など高い教養を身につけている吉原の高級遊女は、床技においても傑出していた。彼女たちにとって重要なのは、自分は気を遣《や》らずに体力を温存し、

客を射精に導いて性欲を満足させることにある。そのため、テクニックに磨きをかけ、体のありとあらゆる部位を使って奉仕した。

たとえば、口で陰茎を吸い愛撫する、いわゆるフェラチオについて『おさめかまいじょう』には、次のように記されている。

「客を寝かせ、睾丸《こうがん》を揉みほぐしながら口に咥《くわ》え、抜き差ししても抜けないように唇で亀頭部分を締める。そのときに客に腰を動かしてもらうといい。男根を口に入れたら、9回深く咥え、1回は浅く咥える。浅いときに亀頭と亀頭の付け根を舌で舐めるようにする。ときどきのどの奥まで入ってしま

『錦絵 新吉原京町一丁目角海老屋内』より、右「艶たまのみつき」、中「大井みやこさくら」、左「大廓はるのすみれ」。香蝶楼（歌川）国貞画。国立国会図書館所蔵

うので、片手で男根を握りながらすること」

吸茎《フェラチオ》は男の股《また》の間に座るか、腰の辺りに座って行うが、場合によっては男の顔の前に股を広げて逆向きに覆いかぶさることもある。こうすると男は女性器を触ったり舐めたりできる。現在のシックスナインの体位である。

また、胸が大きな遊女の場合、胸に男根を挟んでしごく、いわゆるパイズリも知られていた。

「両方の乳房の間に男根を挟む。なかなか射精しないときは乳房を持ち上げ、指を亀頭の付け根にあてて胸と一緒に擦り上げる。それでも射精しなければ、乳首を内側にして自分の乳房を揉み、乳汁を潤滑剤にして擦り上げる」

江戸時代にも大きな胸に執着を覚える客がいたのであろう。

曲芸的な体位で興奮度アップ

体位においても実にさまざまなバリエーションが研究されていた。基本的な体位といえば、「前向位」「背向位」「男上位」「女上位」の４型。俗に体位の数を四十八手というが、江戸時代のセックス指南書にはそれ以上の数が紹介されている。

なかには一見、実行が不可能そうな体位もあったが、遊女となれば、全身を駆使して客の要求に応えた。これは体が柔らかいからといってできることではない。床技を磨けば人気が出て、客がつく。そのための捨て身の演出だったのである。

たとえば、「うしろ櫓《やぐら》」という体位は、男が足を投げ出して座ったところに、女がつま先のほうを向いて上から挿入するもので、「女は少し前に手をついて、うつむいて男根を擦る。男は女の尻を抱いて、抜き差しをする」と詳細に語られている。

これは男根の勃起角度と膣の向きが反するので、擦り上げるときの刺激が強くなる体位である。男は軽く腰を動かすだけでよく、遊女の動き方しだいで快感は倍増されていく。さらに肛門と結合部分がよく見えるので客の欲情をかきたてる。

また、遊女ふたりに客ひとりという複数プレイも行われた。例えば女ふたりが直立し、まず一方が前屈し、もう一方の女の股ぐらに頭を入れる。その際、よろけないように腹部を支えてもらう。客はかがんだ女の背後で尻を合わせるように立ち、男根を曲げるように片手を添えて挿入する。

この体位は抜き差しするときに抜けやすいので、腹を支えている女が男根に手を添えて抜けないようにし、もう一方の手で女の陰核や根際に触れて刺激する。

ここまでくると苦しいばかりで、女に快感はないだろう。しかも、日に何人もの客を取らなければならないのに、相当な体力を消耗してしまう。それでも遊女は客が求めればどんな体位でも難なくこなした。そこには、客をとことん楽しませることを義務付けられた、遊女という職業へのプライドが隠されているのである。

Taboo 19

性の指南書にはアナルセックスの作法も記されていた！

日本の衆道文化と遊女との肛交

古くから僧侶や武将の間で一般的に行われてきた男色。日本人にとってはあたり前の文化であり、江戸のセックス指南書にも注意点などが解説されている。

江戸の肛門事情

日本には衆道《しゅどう》の文化があり、男性同士の関係はむしろ尊いこととされていた。その始まりは空海とする説もあり、当初は女犯《にょぼん》を禁じられた僧侶の世界が中心だったが、貴族や武士の間でも行われていたことはよく知られている。ただ、男色《なんしょく》が公になるのは江戸時代になってからである。

川柳には肛交《こうこう》をねだる男の様子がうたわれており、登楼して遊女たちに要求することも少なかったようだ。色を売る美少年がいる陰間《かげま》茶屋がそれなりに繁盛していた時代、そこへ行かずにわざわざ女性に頼むのは、男色とは違った欲望なのだろう。肛交は女性器よりも締まりがよく、強い刺激が得られるからだ。

もっとも、江戸時代の女性にとって肛交はとんでもないことであったらしく、一般の女性はすげなく断っている。

もちろん吉原の上級遊女に言っても叩き出されるところであるが、地方の遊女であればそれも受け入れ、肛交も行わなければならなかった。

江戸時代、伊予《いよ》道後《どうご》（愛媛県）で遊女屋を営み大成功を収めた主人が残した『おさめかまいじょう』（宝暦2年・1752）には「けつ取り」（肛交）の方法が記され

江戸時代になると男を買うことは一般でもそれほど
珍しいことではなかった。ロンドン・ヴィクトリア＆アルバート美術館所蔵

『おさめかまいじょう』とは男性を喜ばすための秘技指南書の意味。地方の女郎屋は、幕府公認の吉原と違ってお大尽《だいじん》（上客のこと）を相手にするわけではない。そこには、一般の遊女が成功するための心構えや技法が詳細に説明されている。

（肛門に）根元まで入れると怪我をするので、女性は仰向けになるか、うつ伏せにならなければならない。立ったままだったり、立て膝をついて前に屈んだりしていると、必ず男根が根元まで入ってしまう。そうなると排便の神経を傷つけ、腹痛が起こり、気分が悪くなって、体が弱ってしまう。そこで、男根を受け入れたら、足に力を入れ、肛門をきつく締めるといい。片手を男根に添えて、女性器で交合するときのように腰を回さないで、一方向だけに抜き差しを続けさせるのである。そのときに亀頭の根元に指をあてるようにする。

肛交をするときは唾《つば》や潤滑剤をたっぷり使って、括約筋《かつやくきん》を痛めないようにする。そうすれば、肛門は膣より締まりがいいので、指で

亀頭を刺激すればすぐに射精を促すことができるのである。

稀には肛交で感じる女性も

　このように遊女であれば客を喜ばせる技術として肛交を行う者もいる。しかし、中上級クラスの遊女や一般の女性は、まず行わなかったようだ。妻に肛交を迫っても「それは芳町《よしちょう》に行ってしな」とあっさり拒否される。芳町とは日本橋付近の芝居小屋がたくさんあった辺りで、そこは陰間茶屋が並び、男色で有名な場所である。

　江戸時代、芝居は女性の最高の楽しみとしていた。当時の役者といえば男相手に売色していたが、

『大芝居繁栄之図』三世歌川豊国画。
東京都立中央図書館東京誌料文庫所蔵

女たちもまた役者買いに走ったのだから、夫婦揃って芝居小屋通いという話にもなり得たわけである。

ちなみに、陰間茶屋で売色する女装した若衆《わかしゅ》を「陰子《かげこ》」、役者を「色子」といって厳密には区別される。後者のほうが年齢が上で、男色の主流は陰子であった。

役者や若衆のファンは遊女にも多く、客が若衆の肛門に挿入し、若衆が遊女と交合する「三人取組」を楽しむ風潮もあった。とはいえ、それでも基本的には、遊女が肛交するケースは少ない。

ただ、女性の中でも肛交に痛みを感じない者もいた。事実、肛門周辺は性感帯なので、前もって緩め、潤滑剤を十分に使えば肛交でも快感は得られるのである。

これは明治時代に入ってからだが、『女閨訓《じょけいくん》』（明治39年・１９０６）には「生理で交合できないときの心得」として次のように述べてある。この本の著者は欣々《きんきん》女史といい、幕末生まれの名妓であった。これは女性自身が残した肛交に関する貴重な記録である。

男根を肛門に入れるときは、慣れないうちは非常に痛いものであるので、最初に人差し指に唾をつけて挿入し、よく濡らし緩めておくことが大事である。（中略）痛いと思い、肛門を締めると入りにくくなり、かえって痛くなる。排便時のように思い切っていきみ続ければ少しずつ男根を受け入れることができる。

女性器と違って、肛門は狭く男根を強く締めるので、亀頭が入っただけでも射精するものである。そのため、痛くてもわずかのことであるので、夫婦円満のために諦めて我慢すべきである。

もっとも肛交も慣れるに従って痛くなくなり、女性も気持ちよくなり、自分から求めるようになる者もいる。


また、江戸末期の『大笑い　開の悦び　おどけ新はなし』には、女性器と肛門を交互に抜き差しする夫に対して、「どちらか片方にしなさい」という女房の話がある。亭主が「痛いのか？」と聞くと、女房は「痛くはないが、交互にすると女性器が汚れる」と答えている。これもずいぶんのんびりとした話である。

Taboo 20

毎日客を取る遊女たちの避妊に対する知恵とは?

江戸の性意識! 妊娠ご法度・遊女の避妊

妊娠、出産となれば客を取ることができず、遊女屋への借金はますます膨らんでしまう。そこで考え出された、遊女たちの避妊法とは?

「揚げ底」と「下湯」

遊女にとって梅毒と並んで頭を悩ましたのは妊娠だった。妊娠は遊女の恥であり、そうならないためにさまざまな避妊法を用いたが、効果が高かったとはいえない。現に避妊法を調べてみても、江戸年間でそれほどの進歩はなく、避妊の必要性を知りつつなりゆき任せというのが実情であった。

よく使われていたのがコンニャクで、女陰の奥に入れておき、これで精液が流れ込むのを防いだ。町娘ならばこれでもよかっただろうが、遊女たちの避妊方法はもう少し洗練されていた。

一般的なのが「詰め紙」である。これは薄くて肌触りの柔らかな御簾紙《みすがみ》に唾をつけ、丸めたものを女陰に詰め込む方法である。基本的には生理のときにするのだが、避妊法としても主流であった。紙が子宮口から精液が洩《も》れるのを妨ぐので、妊娠せずにすむと考えられていたのである。この方法は「揚《あ》げ底」と呼ばれ、「挟み紙」「用心紙」ともいう。

また、「揚げ底」には他の効果もあった。遊女が接客をしたときに、気を遣《や》らなくてすむのである。「気を遣る」とは絶頂に達することで、一日に何人もの男性と交合をするのに、そのたびに感じていては体が持たない。心身の精力を保つために気を遣らないように制御するのは、遊女のテクニックのひとつである。

また、「下湯」という方法も知られる。これは精液が放たれたあと、すぐに床を離

『万福和合神』葛飾北斎画より。国際日本文化研究センター所蔵

れ、小さな桶に溜めたぬるま湯で膣内を洗い、精液を流してしまうというものである。この桶は浴室や便所に必ず置かれていた。

この程度でどこまで妊娠を防げたかは、はなはだ疑問である。しないよりはマシだったのだろうが、性交渉を持てば妊娠して当然。その後は運しだいであった。

江戸時代にもあったコンドーム

男性が避妊用に使ったのは「兜形《かぶとがた》」である。これは、薄くなめした皮やべっ甲、水牛の角などでつくられており、湯に浸して柔らかくしたものを亀頭に被せて使う。現代でいうコンドームである。「兜形」は女性器の襞《ひだ》を刺激するので感度が高まり、女性の人気も高かった。ただ、男性にとっては、ごく厚のコンドームはできれば使いたくはないだろう

江戸時代後期になると、性具秘薬の専門店・四ツ目屋では妊娠を防ぐために絹でできた亀頭帽も売られたという。

避妊薬でよく知られているのが「ホオズキ」であろ

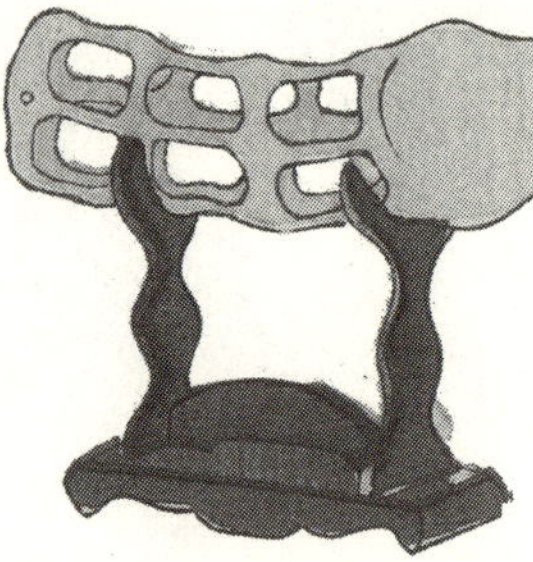

『万福和合神』国際日本文化研究センター所蔵

う。事に及ぶ前に、ホオズキの根を煎じた湯を飲むと妊娠しないといわれていた。また、ホオズキの根を乾燥させ、鳥の羽根に乗せて膣内に挿入し、子宮口に塗り込めることもあった。

交合をしたあとであれば、ホオズキの根を2寸（約6センチ）ほど切り、皮を剥いて3日ほど膣の中に入れておくという方法もあった。こうすると子種が溶けて、排泄物に混じって流れていくというのだが……。

その他で有名なのは「朔日丸《ついたちがん》」である。毎月1日に飲めば避妊できるといわれ、1服100文（約1500円）ほど。これにどれほどの効果が期待できるかはわからない。気休め程度のものである。「天女丸」「月水散」「月浚」「月水早流し」も知られているが、「月水早流し」は372文（5600円）もした。これは裏長屋の家賃とほぼ同額であるが、よく売れたという。

堕胎の専門医

避妊法がこれほど稚拙であれば、望まない妊娠が多くても当然である。そのため、密かに堕胎《だたい》を行う医者もいて、なかでも有名なのが中条《ちゅうじょう》流であった。

中条流の祖・中条帯刀《たてわき》は上杉家の家臣で、豊臣秀吉にも仕えた武士である。彼は医術も習得しており、母体を守るための堕胎術の心得もあった。当時は死産、流産が多かった。それならば難産の場合、母子ともに死亡させるよりも薬を用いて胎児を流し、母体だけでも救おうというのである。ただ、これは水銀を含んだ薬を体内に入れ、胎児を腐らせて取り出すという恐ろしい方法であった。

江戸時代になると、堕胎を行う医者が中条流の看板を掲げたため、「中条流」は堕胎専門医の通称となった。施術は1回300〜400文（4500〜6000円）。中条流の医者は人通りの少ない場所で開業し、内装は訪れた女性が人と顔を合わせなくていいつくりになっていた。そのため女性患者が多く並び、なかには2度、3度と堕胎を繰り返す女性もいたという。

遊女が妊娠すれば、商品にならない。そのため、妊娠した遊女は下流女郎に降格になったり、望まなくとも堕胎させられたりした。それでも呼出《よびだし》（自室で待ち、茶屋から呼び出しがかかったら出向く遊女。吉原中期以降、太夫がいなくなってからは遊女の最高位）や昼三《ちゅうさん》（揚代が三分の中流遊女）ともなれば、三ノ輪にある吉原の別荘で静養しながら出産することを許された。

開店の準備をする遊女たち。ついたての前で横になり医師の診療を受けたり、灸を据える遊女の姿も描かれてる。『廓(さと)の明け暮』より「支度と診察」。名古屋市博物館所蔵

こうして生まれた子は、男ならば遊女屋で働くことになり、女ならば遊女になることが決定付けられた。

ただし、吉原の初代高尾太夫《たかおだゆう》は別格である。彼女は「子持ち高尾」と呼ばれた伝説の太夫で、かつての上客が落ちぶれたのを哀れに思い、自腹を切って接待し、懐妊、出産した。そして、乳母に子を抱かせて花魁《おいらん》道中を行い、吉原中に披露した。その優しさに、彼女の人気はさらに高まったと語られている。

以来、「高尾太夫」の名は、吉原の大店《おおだな》三浦屋の看板太夫に代々継がれていくのである。

現代の夜の社交界パリ高級娼館の裏側

大物政治家を手玉に取った高級娼館主人

顧客は王族！　マダム・クロードの告白

マダム・クロード……その名は、1960年代初めから1970年代半ばにかけて、社交界の男性の間でひそやかに囁かれていた。彼女が経営する売春宿の顧客といえば、アラブの王族、ヨーロッパの貴族、そして大物政治家ばかりであり、紹介者がなければ利用できないほど敷居の高いものだったからである。あのアメリカ大統領ケネディも顧客のひとりであった。

それほどの店であったから、揃えている女性は容姿も教養も最高級である。モデルや女優の卵はもとより外交官の令嬢もいた。クロードの館に控えていた女性のなかには、億万長者と結婚した者は言うに及ばず、イタリア王妃になった者、アラブの皇太子に嫁いだ者や伯爵夫人や公爵夫人として貴族になった者もいる。もちろん公に語ることではないが、クロードの館での経験は彼女たちの価値を下げはしなかった。

　1962年、友人の女性から売春宿を譲り受けたクロードは、その店を自分好みに変えることを思いつく。クロードが目指したのは18世紀の文学サロンのような洗練されたもので、彼女自ら女性たちを一から教育したのである。クロード自身、幼い頃に寄宿舎で過ごしており、そこで王や王妃への挨拶の仕方から刺繍やベッドメーキングの方法まで厳しく躾けられたという。他の女性と差をつけるための作法と心得、クロードは貴族と同じ教養を持った女性だったのである。

　自分が何をすべきで、何を言うべきか、立ち居振る舞いさえ知っていれば、いかなる上流階級の男性を相手にしても動じることはない。ただ、教育には時間がかかった。あらゆる状況での対応法を身につけ、相手の男性の望むユーモアや心配り、そして最高の悦楽を与えること……クロードの館に来た女性がその技術を身につけるのに2年は必要であった。

　クロードは女性たちの魅力を最大に引き出すべく適切なアドバイスを行った。肌を美しく保つ方法やダイエット、服や下着の指示はもちろん、整形手術にも積極的だった。性器を清潔にしておくために洗浄の仕方まで教えたという。クロードは衛生面を重要と考えており、週に一度は病院で検査を受け、証明書を出さないと女性に仕事をさせないほど徹底していた。

そして、育てあげた女性を信頼できる常連にあずけ、セックスの詳細なリポートを聞く。それが最終的な仕上げなのだった。

信じられないエピソード

クロードの館には25人くらいの女性がいて、その年齢は20歳前後であった。アーウィン・ショーの『パリ・スケッチブック』によると「(クロードは)上品で行儀が良い女性を提供してくれるそうだ。ただし金がかかる。値段は相手をする時間の長短によって上下するが、とにかく高い」とある。

そのために、城の維持費に困った公爵が夫人を娼婦として働かせるよう依頼をしたことがあったという。ブロンドの髪をした美しい夫人は、名前と肩書きを公表することを条件に娼婦となった。30代と少し年齢がいっていたが、気高い公爵夫人は多くの客を得て、城の修復工事が終わると館を去っていった。

一方で、顧客には変わった性癖の持ち主も多かったようだ。

女装趣味の代議士は、最初は室内で女装を楽しむだけだった。だが、彼とともに過ごした女性は、彼の要望を察して女装姿のままホテルを出ることを提案した。また、とりわけ化粧が上手くできたときには一緒に売春地帯に行き、代議士を男娼のように振る舞わせた。このスリルは彼を非常に喜ばせ、興奮させたという。

また、ある会社の後継者である青年は、週末を一緒に過ごす女性をクロードに依頼した。ふたりがオープンカーでドライブをしていると、土砂降りになり、女性はひどい風邪をひいてしまった。青年は不満も言わず、ベッドで寝込む女性を丸2日看病した。本来ならクレームがきてもおかしくない展開だ。

だが、青年は数週間後にまた女性の依頼をしたのである。ピンときたクロードが「残念ながら、今週の金曜日は雨が降らないようですよ」と告げると、青年は「あなたは知っていたのですか!?」と悔しげに答えた。彼は女性を看護することで興奮を得ていたのである。

「清楚な女性を」とリクエストした常連に本物のブルジョアの女性を紹介したところ、それが客の義妹だったこともあった。ふたりは秘密を共謀し、プレイを楽しんだ。さすが、アムール（愛）の国である。

このようにクロードの館にはひっきりなしに電話が鳴っていたのだが、それはある日、突然に終わった。1974年、ある政治家とクロードの関係が取り沙汰されたことがきっかけで、1977年に館を閉館したのである。

クロードは税金問題から逃れるためにアメリカに渡ったが、フランスに帰国したところを逮捕される。２度刑務所に収監されたのち、クロードは財産のすべてを失った。

クロードが記した自叙伝には、伝説の娼館での出来事が鮮やかに描かれている。そして、その生き生きとした描写からは、彼女が全身全霊をかけて育てた女性たちへの愛が伝わってくる。

つい最近まであった伝説の高級娼婦宿、それはあまりにもロマンチックな存在である。

PART4

口外厳禁の大奥勤め
習慣とスキャンダル

Taboo 21

将軍家の継続のため女の園・大奥が誕生！

30歳で御褥御免！大奥の誕生と制度

女嫌いの3代家光のために、たくさんの美女を大奥に集めるなど奔走した将軍乳母の春日局。その後、数百年続く大奥制度を確立した！

『千代田之大奥』より「哥合」部分。
国立国会図書館所蔵

至上命令は将軍の子を産むこと

大奥の存在意義は徳川将軍家の血を絶やさないことにある。

大奥は3代将軍・家光《いえみつ》の〝性癖〟がきっかけとなり、乳母のお福《ふく》（春日局《かすがのつぼね》）によって大胆な改革が進められた。利発な弟を持ったために、両親にないがしろにされた嫡男・家光を将軍にすべく、家康に直訴をしたお福。将軍就任のときに「余は生まれながらの将軍である」と発言した家光は、彼女の苦労がわかっていたのであろうか。若き日の家光は男色家《なんしょくか》で、その相手は10人以上いたという。

特に小姓の坂部五左衛門や酒井忠澄《ただすみ》を寵愛したことは有名だ。坂部は他の小姓と戯れた罪で家光自身に手討ちにされ、酒井は療養中に側室に子供を生ませたことで家光の怒りを買い、備後《びんご》福山に流された。家光の嫉妬深い性格が伝わる話である。その後は堀田正盛《まさもり》を寵愛し、家光が政治の実権を握るようになると、堀田を六人衆に抜擢し政治の中枢に置いた。男色は武家のたしなみであったが、家光の場合、女性に見向きもしない点が問題となった。

家光が22歳のとき、関白鷹司信房《たかつかさのぶふさ》の娘・孝子《たかこ》を正室に迎え入れたが、夫婦生活は一切ないといわれている。結婚後、家光は城内吹上《ふきあげ》に屋敷をつくり、孝子を追放同然に大奥から中の丸御殿へ移している。これは事実上の離縁といっていいだろう。以降、孝子は家光の死まで軟禁される形となった。

元和4年（1618）、2代将軍・秀忠《ひでただ》は表と奥を明確にするため『大奥法度《はっと》』を定めている。わずか六箇条の決まりであったが、そのなかで初めて大奥は「男子禁制」とされた。正室・お江与《えよ》の方が死去すると、お福は大奥の管理を命じられ制度の確立に尽力した。

家光に後継ができないことを心配したお福は美女を斡旋しては家光に勧めたが、家光の心を動かす女性はなかなか現れない。将軍の血を残すため、お福はかなり強引な手を使っては美女を集め大奥に上がらせた。

例えば、家光が初めて女性に恋をしたのは公卿六条有純の娘・万《まん》であった。彼女は尼僧であったが、ただちに還俗《げんぞく》させられ側室となった。当時、家光は36歳、お万の方は17歳。美少年を思わせる容姿と優しい心で寵愛を受けたが、子を作ることは許されなかった。一説によると、公家が力を持つことを恐れたお福が堕胎《だたい》させたともいう。

また、4代将軍家綱《いえつな》の生母となったお楽《らく》の方。彼女は下野《しもつけ》国の農民の娘で、父がご禁制の鶴猟をしたため死罪となったという複雑な事情の持ち主である。その後、店の手伝いをしていたところをお福に見いだされ、大奥に上がっている。大奥での無礼講《ぶれいこう》で故郷の麦搗《つ》き踊りを披露し面白おかしく戯れていた様子を家光に気に入られ、御手付中臈《ちゅうろう》となった。いわゆる〝玉の輿〟である。

性生活は30歳で引退

男色家で女性に関心を持たない家光に対して、お福はなんとか後継をつくらせようと努力した。そのためには身分の低い女性であっても取り立てて、家光のお手つきになるよう積極的に勧めている。これほどまでに大奥では将軍の子を産み健《すこ》やかに育てることが求められていた。

そこで決められたのが「御褥御免《おしとねごめん》」の慣習である。

これはどんなに寵愛を受けた側室であっても、30歳を過ぎると将軍との夜の営みを辞退しなくてはならないというものである。御年寄《おとしより》に御褥の辞退を申し伝えるにあたって、御台所《みだいどころ》は泣く泣く自分が使う女中の中から容姿端麗で人柄がいい者を身代わりに将軍に勧めた。自ら望んだとはいえ、自分の部下が将軍の寵を受けることは心中穏やかではないだろう。しかし、息のかかった侍女を側室とすることで、大奥での権力を維持するという打算もあった。

非常に冷酷な決まりだが、大奥は将軍と家族をつくる場では

奥女中の職制系統図

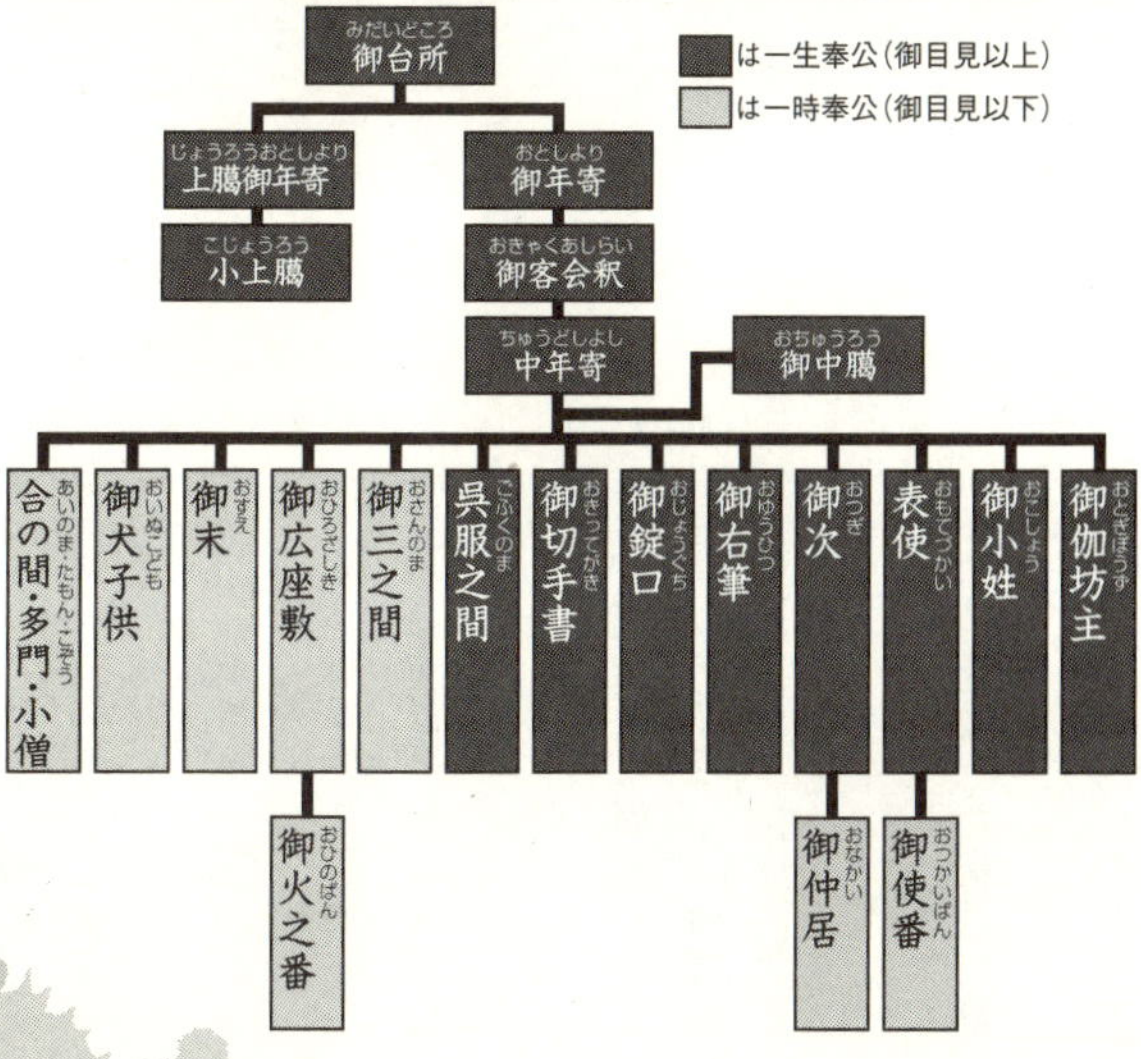

ない。ひとりでも多く実子をつくって後継を確保するシステムである以上、これは絶対であった。というのは当時、出産が無事に終わっても夭折《ようせつ》が多かったからである。55人も子供をつくった11代将軍家斉《いえなり》でさえ、成人できた子はわずか25人というから、「子供を健やかに育てる」ことがどれほど難しかったかがわかる。確実に後継を残すという意味では、子供は多ければ多いほど都合がよかった。

仮にお手つきの奥女中が「御褥御免」を申し出なかった場合、同僚の女中たちに「助平《すけべい》な女（卑しい女）だ」と後ろ指を指され、仕事に支障をきたすことになりかねなかった。それを恐れた彼女たちは早めにお役目を辞退したという。

では、なぜ30歳に定められたのだろうか。

公には皇室や公家育ちの御台所はもともと体が弱かったため、出産には耐えられないと考えられたのが大きな理由である。また、懐妊した女性を気遣うあまり、極端な運動不足に陥らせ、体力が損なわれる事態もあった。まして現代と違い、医学が進歩していなかった時代である。

出産中、妊婦がいきんでいる別の部屋ではまじないを唱えて安産を祈っているというのだから、母子ともに出産は命がけだったのだ。事実、将軍の子を成した女性に身分の低い者が多かったのは、体力の違いだったのかもしれない。

また、平安中期の医師・丹波康頼《やすより》が記した『医心方《いしんぼう》』によると、「初潮前の女性は避ける。14、15歳から18、19歳が最もいい。30歳を過ぎると子供はできない。30歳前でも子を産んだ女性も子供はできない」とある。中国の唐時代の房術書『玉房秘訣《ぎょくぼうひけつ》』にも「男が性の交わりで子を得たいと思うなら、上は30歳までで、それを過ぎていたら子供はできない」とあり、どうやらこの説をもとにして、30歳で同衾《どうきん》を引退する制度ができたらしい。

女性の一生を決めるセックスの上限年齢が、迷信のような平安時代の医学書に基づいたものだったとは、女中たちも納得いかなかっただろう。この慣習はすべての大奥女中を苦しめた。そして、その欲求不満は女中たちを贅沢な生活に駆り立て、やがて幕府の財政を圧迫するほどになるのである。

増大する大奥の経費を削減しようと幕府は何度も改革を行っているが、強大な権力を有する大奥はその都度、要望を拒絶した。

享保《きょうほう》の改革のときにも、老中水野忠邦《ただくに》が上臈《じょうろう》御年寄の姉小路に大奥の経費節減を申し入れている。いったんは話を受け入れた姉小路であったが、水野に側室の有無を尋ね、側室を有していることを知ると「人には男女接近の本能があり、抑えがたいものである。改革を進める老中ですら側室がいる。大奥の者は一生奉公としてその欲を抑えなくてはならないのだ。物の贅沢ぐらい許されるべきである」と要求をはね退けたという。奥女中の性欲は幕府を潰すほど抑圧されていたのである。

Taboo 22

大奥に閉じこめられ性欲をもてあました女たちが楽しんだ年中行事

奥女中のストレス発散行事！淫靡なる新参舞とは？

毎月のようにイベントが開催された大奥。それは、世間から隔絶され、性欲とストレスを溜めた女たちの気分転換の場でもあった！

外出が許されない大奥の女たち

大奥は外界から遮断された女の園である。簡単に宿下がりできるのは、幕府御雇《おやと》いの奥女中が使っている部屋方《へやかた》のみ。部屋方とは奥女中の個人的な使用人である。

彼女たちは、商家や農民の娘が嫁入り修業の行儀見習いとして奉公に上がっているだけだった。そのため、春秋の2回は宿下がりができ、さらに口実を作っては簡単に生家に戻ることができた。

だが、正式な奥女中は〝一生奉公〟が原則だ。将軍や御台所《みだいどころ》に謁見ができる御目見《おめみえ》以上になると、親の病気などよほどの理由がなければ宿下がりはできなかった。まして、将軍のお手つきになった御中臈《おちゅうろう》ともなれば、親の病気でさえ宿下がりは許されないという厳しさである。

いちばん身分が低い御末《おすえ》でも宿下がりできるのは、奉公に上がってから3年目に6日間、6年目には12日間、9年目は16日間と決められ、これも3年ごとに許される程度だった。なお、建前では宿下がりしたときも好きな男と逢瀬《おうせ》を楽しむことはもちろん、物見遊山《ものみゆさん》も禁じられていた。

このように宿下がりや外出に厳しい大奥で、比較的寛大に許されたのは、寺社参りや神仏祈願であった。特に御代参であれば仕事として堂々と出ることができた。芝の坊主のなかには接待上手もいて、内々に芝居の供をするものもいた。そのため御代参とは名目だけで、芝居見物を楽しむ者もあったという。

だが、それができるのもほんのひと握り。御台所の御代参ともなれば御年寄《おとしより》と決まっており、ほとんどの奥女中は毎日同じ仕事の繰り返しにストレスを溜めていた。

大奥の年中行事

年中行事一覧を見ればわかるように、大奥では非常に行事が多い。

大奥の代表的な年中行事

1月1日	年頭之御祝儀
1月2日	御掃除初め
	御書・御裁初め
	姫初め
1月7日	七草の御祝儀
	御鏡餅引き
	若菜之御祝儀
1月11日	御鏡開き
1月14日	十四日年越し
1月17日	紅葉山御参拝
1月20日	二十日正月
2月初午	初午
2月	彼岸
2月8日	御事納め
2月15日	涅槃会
3月3日	上巳の節句
3月	御花見
3月下旬	五十三次
4月8日	灌仏会

5月5日	端午の節句
6月15日	山王祭礼
7月7日	七夕の節句
7月15日	御魂祭
8月朔日	八朔
8月	彼岸
8月15日	月見の宴
9月9日	重陽の節句
9月15日	神田明神の祭礼
10月朔日	炉開き
10月初亥	玄猪（げんちょ）
10月2日	東叡山開山忌
11月中旬	冬至
12月朔日	煤払い
12月13日	畳換え
12月25日	歳暮
12月28日	注連飾
大晦日	除夜

『千代田之大奥』より「節分」。国立国会図書館所蔵

特に1月は「年頭之御祝儀《ねんとうのごしゅうぎ》（表の行事の後、将軍が御台所と対面し、御目見以上の者が祝儀を礼する）」「若菜之御祝儀《わかなのごしゅうぎ》（将軍と御台所が対面所で祝いの熨斗目《のしめ》を上臈《じょうろう》、御年寄から受け取る）」など伝統行事が続いた。だが、その他の月は季節に応じた風流な遊びが目立つ。これらは御台所や滅多に外出できない奥女中たちの結構な息抜きにもなった。

例えば2月の「初午《はつうま》」。これは江戸城の稲荷神社に御年寄が御代参を行うもの。午後には余興として御次《おつぎ》や御三《おさん》の間《ま》たちによる踊りや茶番狂言が披露された。女中たちが羽目をはずしても大めに見られ、御末たちが張子《はりこ》の馬に乗って騎射《きしゃ》の真似をして遊ぶこともあったという。御台所はそれを御簾《みす》越しに見物し、女中たちに着物や髪飾りなどを与えた。

4月の「灌仏会《かんぶつえ》」では釈尊の誕生日を祝う祭が行われる。大奥の長局《ながつぼね》に露店が出て、浴衣地《ゆかたじ》や半襟《はんえり》、白粉《おしろい》、櫛《くし》、錦絵などが売られた。

8月の「八朔《はっさく》」とは、将軍家の関東入府を記念する大掛かりな行事で、御台所は白《しろ》帷子《かたびら》を、女中たちは白装束を着て祝う。夜には御次や御三の間たちが狂言や鳴物《なりもの》を行い、終わると女中たちに料理や酒が振る舞われた。

また、これは行事ではないが、将軍や御台所のお召し物を司る役職に「呉服《ごふく》の間」がある。彼女たちは裁縫《さいほう》を専門に行うのだが、針先が欠けて紛失すると、それが見つかるまで部屋中を探し、庭の砂利までさらった。だが探している最中はご馳走が振る舞われたというので、行事的な楽しみであったのかもしれない。

1ヵ月に2、3回はこういう行事があり、日頃の厳しい生活の息抜きとなっていた。

他言無用！　大奥の秘密のイベント

大奥ならではの習慣は、明治時代に奥女中経験者から漏れたものもあるが、基本的には、大奥での体験はお役目を終えたあとも決して口外してはならない。

たとえば、「節分」である。大奥でもこの儀式は厳粛に行われ、老中が年男になって豆をまいた。だが、男性に会うなど滅多にない大奥でのこと。群集心理も手伝って、奥女中たちは老中の尻をついたり、長袴の裾を引っ張ったりと悪戯《いたずら》をした。

そのため、この役柄は老中から御留守居《おるすい》に移ったのだが、それでも奥女中の悪戯は止まなかった。

御留守居は高級旗本で、50歳以上の老人が多かった。

だが、男は男である。

式が終わり、退場しようとする御留守居を奥女中が取り囲み、布団でぐるぐる巻きにしたかと思うと胴上げをし、床に落とす。これを何度も繰り返したというから、御留守居にとっては恐怖である。とはいえ、奥女中にとっては男に触れられる絶好の機会。この程度は禁欲に苦しむ奥女中たちの遊びとして許されたという。

そして、もっとも淫靡《いんび》といえるのは「新参舞《しんざんまい》」であろう。

大奥では年越しの夜（一説には節分の夜とも）に行われ、その年採用になった御末10人ほどが裸になって御年寄の前で踊るものである。というのは、かつて刺青《いれずみ》をしている女中がいて騒ぎになり、以後、そのようなことがないように確認するためという。いかに身分が低い御末でも、若い女性を裸にして検査するわけにいかないので、「新参舞」という形にしたというのだが……。

これは大奥御膳所の上段、東の板の間で行われた。その様子は唐子の間から覗き見られるようになっており、御台所がここから見物して楽しんだという。

だが、一方の「新参舞」に出なくてはならない御末は、その日を数えては憂えた。御末たちが衣服を脱ぎ素裸になって踊りだすと、古参の御末たちが「新参舞を見しゃいな……」とはやしたてる。その後、古参の御末が茶番や手踊りをし、新参の御末にまじって余興をした。これには御台所も思わずお笑いになったという。

日頃、格式高く礼儀作法にうるさい大奥の生活だけに、この日だけは女中たちも羽目を外して馬鹿騒ぎ。上級女中も素知らぬ顔をしてくれた。

大奥では伝統行事と奥女中を楽しませるための行事がたくみに組み入れられ、ストレスを溜めないよう配慮されていたのである。

Taboo 23

将軍と一夜を共にするにも細かい決まり事があった！

声を出すことも許されず！ 監視された将軍の閨房

将軍にとってセックスは子孫を残すための義務。側室とふたりだけの秘め事ではなく、監視のなかで行うのをあたり前と受け止めていた！

同衾の前に身体検査

いくら将軍であっても、そのときの気分でふらり大奥に立ち寄って女性と関係を結べるわけではない。江戸城では物日《ものび》（式日《しきじつ》）が多く、その前日は精進日として女性を近づける

ことが禁じられていたからだ。歴代将軍や近親者の命日がそれにあたり、江戸時代後期ともなると大奥に入れる日は1ヵ月に10日ほどしかなかった。

　大奥の出入り口である御錠口《おじょうぐち》が閉じられるのは暮れ六ツ（午後6時）。将軍は大奥へ行くかどうかを当日のこの時間までに決めて、希望する御《お》中臈《ちゅうろう》を御小姓《おこしょう》に告げる。御小姓は御納戸役《おなんどやく》を通して、将軍の意向を大奥の御年寄《おとしより》に伝えた。

　将軍の大奥入りが決まると、指名を受けた御中臈は風呂に入る。御年寄の指示を受けた下級女中ふたりが、全身を糠袋《ぬかぶくろ》で磨き上げた。特に秘所は入念に洗われた。部屋に戻ると丁

『千代田之大奥』より「婚礼」部分。国立国会図書館所蔵

寧な化粧が施されるが、準備はすべて女中が行い御中臈自身がすることはない。化粧が終わると白羽二重《しろはぶたえ》の下着をまとい、白綸子《しろりんず》という絹の寝間着を着る。将軍に危害を加える道具になりえる簪《かんざし》などの装身具は用いられない。

支度が整うと、以前に将軍のお手つきとなった御中臈を先に立てて、将軍の寝所である御小座敷《おこざしき》へ移動する。そこには御年寄がいて、再び御中臈の髪をほどき、武器や書状（願い状）などを隠し持っていないかを厳しく点検した。その後、髪を結い直し、将軍のお越しを待つことになる。

寝所には厚み1尺（約30センチ）の藁《わら》布団が2枚重ねられ、掛け布団は5枚もあった。これは万が一にでも交合の最中に襲われた場合を想定したものである。布団が厚ければ床下から攻撃されたとしても大事に至らないというわけだ。

将軍は脇差を差しただけの楽な格好で現れ、酒を飲みながら御年寄や御伽《おとぎ》坊主（剃《てい》髪《はつ》した将軍つきの雑用係。50歳前後の女性）と談笑をかわす。亥《い》の刻（午後10時頃）になると、そろそろ将軍も寝所に移る。

衆人環視のもとでの同衾

ここで特異なのは、御寝所には厳重な監視がついていたことである。将軍と御中臈が寝る布団の両隣には、ついたてを挟んでお手つき御中臈と御伽坊主が背を向けて横《おう》臥《が》した。このふたりは御《お》添《そい》寝《ね》役《やく》と呼ばれる。さらに襖《ふすま》を隔てた御下段には、お手つき経験がない御中臈と御年寄が並んで寝ていた。4人の監視役には行為の最中の様子を細分もらさず聞き取り、翌日御年寄に報告するという義務があった。

これは5代将軍・綱吉《つなよし》のときに、側室の染子《そめこ》が睦言《むつごと》にかこつけて、柳沢吉保《よしやす》に甲府100万石を与えるようおねだりした事件があったからだった。以前染子は吉保の側室だったことを考えれば、彼女の目的もすぐにわかる。そのときは綱吉が急死したため、書付は無効となり事なきを得た。だがそれ以降、幕府と大奥は側室が政治に口出しすることを極度に警戒するようになったのだ。

そんな理由があるとはいえ、とりわけつらいのは将軍側に臥《ふ》す御中臈であろう。自分以外の女が将軍に抱かれている様子を、直接見るわけではないが終始、聞かされるわけである。

一方、将軍の御相手をする御中臈も大変である。会話はもちろん、喘《あえ》ぎ声でさえ禁止されていた。しかも、将軍の要求を拒むことなど許されず、繰り返し求められれば受け入れるしかない。将軍自身は性交渉を秘め事だとは思っておらず、聞かれることが当然と教えられているため、なんら抵抗はなかっただろうが……。

将軍の意思は絶対であるがゆえに、権威を利用しようとする女たちを阻止するための残酷なシステム。結局、この慣習は幕府崩壊まで引き継がれることとなる。

Taboo 24

奥女中たちが愛用した張形とその使用法とは?

奥女中たちの性欲解消法①
受け継がれた自慰の作法

持て余す性欲を発散するために愛用されたのが張形。先輩女中から自慰の手ほどきを受けて、独り寝のさみしさを紛らわせた。

将軍死後も自由になれず

徳川将軍家の血を絶やさないことを目的として、将軍ひとりのためにつくられた大奥。そこは正室である御台所《みだいどころ》を頂点とする女の園で、御台所に仕える女中たちが1000人近く暮らしていた。大奥に出入りできる男性は将軍のみ。まれに医師が許される程度で、男女が完全に隔絶した世界であった。

町民や農民の娘が花嫁修業として大奥奉公に上がる程度なら宿下がりもできる。一時期を大奥で過ごし、生け花、香道、茶道などの教養と優雅な立ち居振る舞いを身につけた彼女たちは引く手あまたで、良縁に恵まれて幸せに嫁いでいった。

だが、将軍や御台所に謁見できる御目見《おめみえ》以上は一生奉公が原則である。御小姓《おこしょう》ならば7歳頃に大奥に上がり、将来の御中臈《おちゅうろう》候補となる。しかし、将軍のお手つきにならなければ処女のままで生涯を終えた。

とはいえ、将軍の側室になる資格を有する奥女中はせいぜい20人程度。偶然、将軍の目に留まり寵愛を受ける幸運な者もいたが、ほとんどの奥女中は男を知らないままであった。将軍のお手つきにならなかった女性を「お清《きよ》の方」、お手つきになった女性を「汚れた方」と呼んだのは、将軍に選ばれなかった奥女中たちの嫉妬と羨望を感じさせる陰湿な呼び名である。

なお、将軍が亡くなると御台所や側室は大奥を去って桜田御用屋敷に移り、出家して菩提《ぼだい》を弔わなくてはならなかった。どんなに若くても再婚など許されない。生活こそ大奥時代と同様に保障されたが、外出は本丸への訪問か先代将軍の廟《びょう》がある芝増上寺、上野寛永寺への参詣しか許されない窮屈なものだった。病気になっても実家に戻れず、御用屋敷内で療養した。

『千代田之大奥』より「元旦二度目之御飯」部分。国立国会図書館所蔵

これは有名な悲劇だが、12代将軍家慶《いえよし》の死後、側室お琴は御用屋敷に出入りしていた大工の幸次郎に恋をした。男は人気歌舞伎役者に似た美男だったらしい。側室時代、お琴は8年間にわたって家慶の寵愛を受けた。全員が夭逝したとはいえ2男2女を授かっている。だが、お手がついた当時家慶は52歳。江戸っ子らしいさっぱりとした幸次郎との出会いは、彼女にとって女の喜びを目覚めさせるきっかけとなった。

初めての恋に夢中になったお琴は、参詣を理由に逢引を繰り返し、それはすぐに噂となり尾ひれがついて江戸中に広まった。身分制度が確立した時代である。将軍の元側室と一介の町人が結ばれるはずもなく、将来を悲観したお琴は自害した。一説によると、実家に呼ばれ帰ったときに、醜聞《しゅうぶん》を恥じた兄に手討ちにされたともいう。

実は当時、一般でも忍ぶ恋から〝心中《しんじゅう》〟に発展するケースが多く、事態を憂えた幕府によって厳しく取り締まられ、万一生き残った場合、重罰が科せられた。

引き継がれる自慰の技法

年頃になると男性経験がない奥女中も欲求不満に悩まされる。さらに先輩から「愛液を発散させないと健康に悪い」と教え込まれるので、最初は指を使って自らを慰めるようになる。厠《かわや》に入って、ツバをたっぷり塗った指の腹で膣口、陰唇、陰核を繰り返し擦《こす》るのである。

性愛指南書の『秘事作法《ひじさほう》』には、鬢《びん》留めや帯留めを使った自慰についての記述がある。鬢留めや帯留めに紅絹《もみ》を巻いたものを男根の代わりにするのである。

この場合も便器の蓋に腰巻を敷いて座って行う。まずは乳首をよく揉んだあと、指をツバで濡らして陰核と陰唇をよく湿らせる。そのときに擬似男根を口に入れて湿らせておく。100回ほど擦って愛液が出てきたら、擬似男根を膣内に深く差し込む。

それを200回抜き差しして、乳揉みを止める。それから、両手で緩急をつけながら300回抜き差しを続ける。さらに300回擦り、擬似男根を深く差し込むと子宮口から愛液が飛ぶほどに溢れてくる。口に含んだ布を噛んで声が出ないように耐え、5～6回息をつけば興奮は止まる。擬似男根を抜くと愛液が流れ出るので、それを舐めて味を確かめる。濃ければ絶頂に達したことになる。

他にも自慰の技法があり、その修練を重ねた後、張形《はりがた》を自分で作るのである。

作り方は、紅絹布をわらび湯やしょうぶ湯、くず湯にひたし、丸めて乾かす。これを巻き重ねて太さを調節する。手元には髪の毛や陰毛を束ねたものを巻いて結ぶ。これが男根の代わりである。

全長20センチ、太さは直径3センチ。亀頭部分は直径4センチほどで、挿入部分は17センチ。残りは握り手である。このサイズが経験上もっとも具合がいいとされる。

女性向けの性愛指南書によると、性欲を我慢して情緒不安定になるよりは、むしろ自慰を行って欲求不満を解消させたほうがいいとある。それが健康維持の秘訣であり、適度に張形を使って絶頂に達し、愛液を噴出するまで何度でも行うべきであるという。そのときに溢れた愛液は大切なものなので、飲んで体内に戻すよう勧められている。当然、大奥でも自慰は日常的に行われていた。

ちなみに、張形の歴史は古く、日本では飛鳥時代には中国製のものが献上された。国産品では、奈良時代になると動物の骨や角でつくられた張形が登場している。

飽くなき性欲を慰める張形

実際に男性と結ばれることのない奥女中たちは張形を使って膣を満たし、肉欲を鎮めなくてはならなかった。

上級の奥女中ともなればべっ甲製の張形を愛用した。これはウミガメの甲羅《こうら》を煮て筒状にし、その表面を微妙に研磨して波形のひだを彫り出したものである。薄さ数ミリに磨かれた張形は、芸術品ともいえる精緻さで押せばへこむほどの弾力性があった。値段は4～10万円と相当高価。もちろん裕福な奥女中だから持てたのであって、渓《けい》斎英泉《さいえいせん》の『閨中紀聞《けいちゅうきぶん》 枕文庫《まくらぶんこ》』には「張形というもの、はした金にて買えるものにあらねば下女などの手に入り難し」とある。

他の奥女中たちはべっ甲ほどの贅沢はできずに、水牛の角や革製のものを使ったようだ。水牛の角ならば1万円程度で、それより安いのはツゲなどの木製だった。これが下級女中になると、ダイコン、ニンジン、キュウリなどの野菜で代用したという。なかでもニンジンは具合が良かったようで、形を整えたものを紙に包んで水にひたし、温灰《ぬくばい》の中に入れて程よく蒸された頃に取り出して、人肌に冷まして使えば本物の男根のようで、べっ甲製にも引けを取らなかったという。

奥女中たちは張形を「御用《ごよう》のもの」と呼び、常用した。「御用のもの」には太めの「ふまらづくり」、亀頭から茎への部分が極端に張り出した「かり高つくり」、本物そっくりに作られた「むしゃぶりづくり」、筒の部分がねじれた「しゃちほこづくり」、陰茎に深い刻みが入った「りうせいがた」など数種類があった。最も好まれたのは5寸（約16センチ）で、これは標準男性のサイズである。

これら「御用のもの」は小間物屋に堂々と売られていた。小間物屋とは櫛・簪《かんざし》・元結《もとゆい》・紅白粉《べにおしろい》など女性の装飾具や化粧品を扱った店である。店舗も持つが得意先への行商を専門に行う。大奥へも来ており、七口《ななくち》と呼ばれる出入り口で商いをした。

『万福和合神』葛飾北斎画より。国際日本文化研究センター所蔵

これなら世間との接触が絶たれた奥女中たちも買い物ができる。そこは商人も心得たもので、張形は必ず持ち歩く主力商品であった。奥女中の視線でそれを察すると、張形を取り出して見せるのである。

また、両国薬研堀《やげんぼり》には四ツ目屋という媚薬や淫具の店があり、江戸中期に大繁盛したという。こちらは奥女中自ら買いに行くわけにはいかないので、召使や下男に頼むのが常だった。

さて、彼女たちはどのように張形を使ったのだろう。

べっ甲や水牛の角でできた張形は中が空洞になっていた。ここに熱湯や湯で温めた布を入れて、男性の体温に近づけるのである。冷たいまま使用したのでは触感が損なわれ、快感を得られない。熱すぎず、ぬる

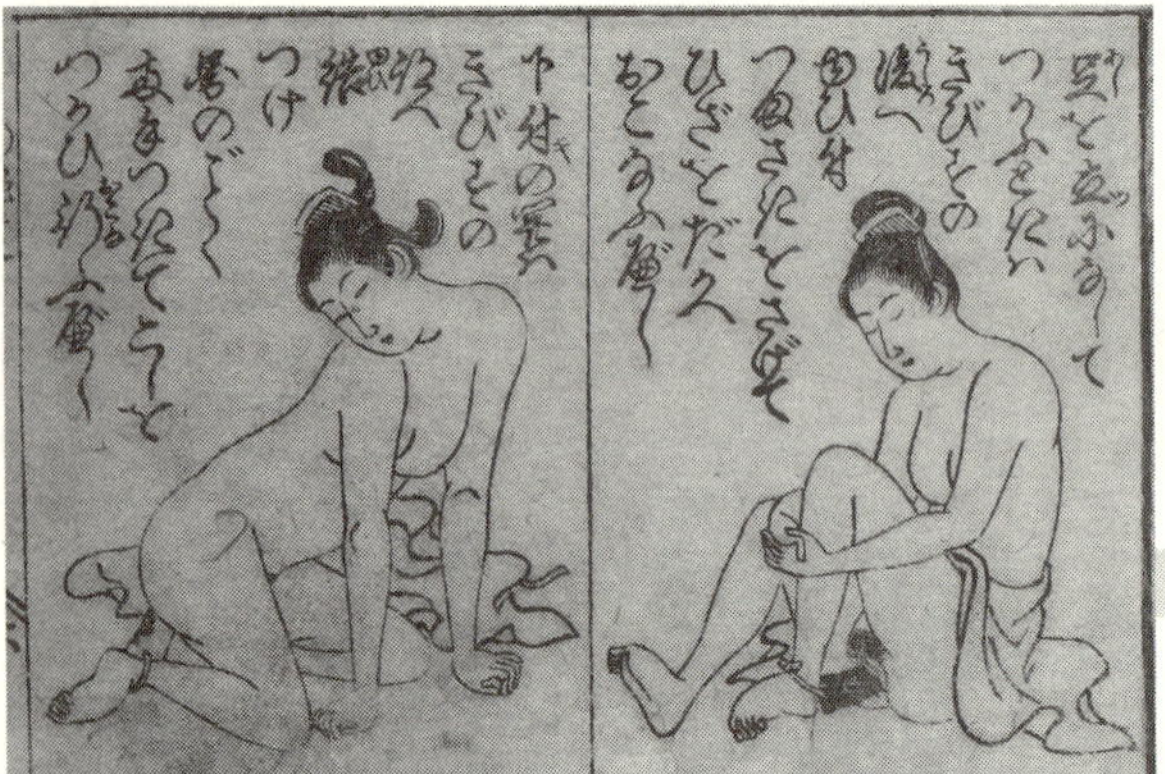

かかとに張形を結わいて自慰にふける様子を描く。
『艶道日夜女宝記』より部分。月岡雪鼎画。国際日本文化研究センター所蔵

すぎずの絶妙な温度調節は先輩女中から教えられた。

経験豊富な女中によると、温灰がいちばんいいという。温灰を空洞の中に詰めて蓋をするか、張形を紙に包んで濡らして温灰の中に入れるかして温めるのである。

張形の根元には穴がふたつ開けてあり、そこに紐《ひも》を通す仕組みとなっている。

性愛書には、女陰に挿入した張形とかかとを紐で結わえて、自分の具合がいいように動かす「かかと掛け」が紹介されている。似た方法で「足使い」もあり、これは張形をかかとに結んで、足の甲と首につなげた細い紐を動かして快感を得るのである。

このふたつの方法が一般的な使い方だったらしい。

「弓仕掛け」ともなれば、梁《はり》に弓を結び、弦の下に布団を丸めて縛りつけ、その布団に張形を結んで挿入し、弦の弾力を利用して抜き差しをするという大掛かりなもの。「茶臼《ちゃうす》型」は布団を丸めて張形を上向きに結わえ、そこに女中が乗って腰を上下させる。いわゆる女性上位である。

深夜に人目を避けては張形を取り出し、人肌に温めたものを女陰に挿入し、布団の上で激しい出し入れを繰り返す。頭が枕から落ちるほど自慰に夢中になる奥女中の痴態は凄まじい。

だが、奥女中はそうまでして性欲を鎮めなければならないほど、禁欲に悩まされていたのである。

Taboo 25

味気ない自慰も女ふたりで協力すれば快感が倍増!?

奥女中たちの性欲解消法②女同士で行った自慰とは？

レズビアンではなく持ちつ持たれつ、助け合い!? 奥女中が協力し合って行った性欲の発散法。「互形」の使用法とは？

女性同士での行為

張形《はりがた》で欲求不満解消といっても、ひとりでの行為には限界がある。奥女中がもっとも好んだのが「本手形」であった。これはふたり一組で行うもので、ひとりが股間に張形を装着して男役となり、下になった女性に挿入する。愛液を噴出して絶頂に達すると、今度は役割を交代して攻め手の女性が下になるのである。

男との交合が叶わない苦しみは、誰もがも同じ。特に同じ部屋で暮らす女中同士であれば、よほど仲が悪くない限り自然とそのような関係になっていく。

性器を傷つけずに快感を得る方法は、先輩女中が伝授した。まずは立場が上の女中が先に女役となる。経験豊富な女中が下になることで、微妙な腰の動かし方を指導するのである。だが、遠慮しすぎて譲り合い、順番が決まらないこともあったという。

一方で、性的に未熟な女中はなかなか絶頂に達することができず、上で腰を動かしているほうも疲れてしまって満足しないまま終わることもあったという。

そこで持ち出されたのが「互形《たがいがた》」と呼ばれる張形である。これは、下の図のように単独の張形の根元を太い紐《ひも》や刀のツバでつないだもので、双方に亀頭がついている。別名は「両首」もしくは「比翼形《ひよくがた》」といった。

これは、ふたり同時に正上位での挿入ができるよう、茎の角度を調整できるようになっている優れものだった。互いに挿入したあとは、気持ちいい部分に当たるようゆっ

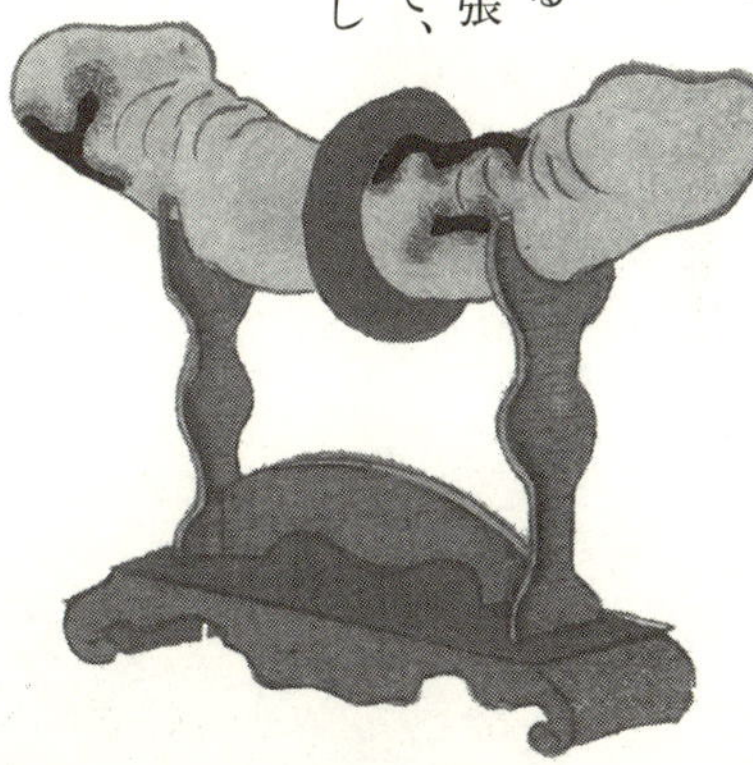

『万福和合神』より「互形」部分。葛飾北斎画。
国際日本文化研究センター所蔵

くり上半身を動かし、腰を前後左右に振って楽しみ合うのである。

一方のみが快感を得る「本手形」と異なり、相手の振動で自分も高ぶっていく「互形」は、お互いの協調が必要になる。そこで、相性の善し悪しが重要になり、奥女中たちは相手を求めて熾烈な争いを行った。

『千代田之大奥』より「御花見」部分。国立国会図書館所蔵

ただ、大奥で行われていた女性同士のセックスは、現在のレズビアンとは意味合いが異なる。男役と女役にはっきり分かれているわけではなく、互いに女性としての快感を求めて役割交換をしていたからである。性癖としての同性愛ではなく、性欲を満たすための同志と考えればわかりやすい。

一度、張形や互形の快感を知ると、奥女中は二度とそれを手放せなくなった。お勤めが終わった深夜、互形で慰め合う時間こそ、彼女たちの楽しみだったのだ。

だが、「宿下がり」が許される下級女中の場合、帰郷中に男性とのセックスを経験して戻ってくることもあった。本物の男根の素晴らしさを堪能した女中は、張形での自慰がどんなに味気ないものか知ってしまう。そうなると、以前にどんなに乱れた互形であっても満足できず、逆に張形を見るのも嫌になったという。

それが男根の代わりにすぎない張形の限界である。

しかし、奥女中たちは淫具《いんぐ》に依存し続けなければ、持て余した性欲を解消できなかった。男を知らずに張形での快感に酔う女と、一度でも男と交合して快感を知った後、禁欲に耐えなくてはならない女。どちらが不幸なのだろうか。

仮に一度将軍のお手つきになったとしても、次があるかどうかはわからない。すべては将軍の気持ち次第なので、夜伽《よとぎ》は一度きりで終わることも少なくなかった。なまじ本物の男根を知ってしまっただけに、張形では満足できない体になってしまった……その空しさと絶望の深さははかり知れない。

大奥奉公の最中に病に倒れ、死を迎えることもある。

「張形は　埋めやと局　末期なり」とは、使っていた張形が誰の目にも触れないように埋めてほしいという、死の床にある奥女中の切ない遺言である。

Taboo 26

奥女中の欲求不満が起こした僧侶との大スキャンダル

美僧侶に狂った奥女中！ ふたつの禁忌を犯した延命院事件

幕府でも簡単には介入できない存在が大奥と寺院。困難の末に密通の証拠をつかんだ寺社奉行だったが、醜聞は秘密にされ、奉行は辞職に追い込まれた。

将軍側室を魅了した歌舞伎役者似の僧侶

大奥と寺院、このふたつは幕府であっても手が出せない「聖域」である。だが、11代将軍家斉《いえなり》の時代、幕府と大奥を揺るがす大事件が谷中《やなか》の寺院で起こった。

奥女中が美僧と関係を持ち妊娠・堕胎《だたい》をしたあげく、僧は裁かれ死罪になったという。通称「延命院日当《えんめいいんにっとう》」で知られる『日月星享和政談《じつげつせいきょうわせいだん》』（河竹黙阿弥《かわたけもくあみ》作）はこの醜聞《しゅうぶん》を題材にした歌舞伎である。

谷中には日蓮宗の寺がいくつもあるが、この事件の舞台となった延命院もそのひとつであった。延命院は3代将軍家光《いえみつ》の側室・お楽《らく》の方《かた》が深く帰依《きえ》し、竹千代（4代将軍家綱《いえつな》）を授かった寺として知られていた。そのため将軍の側室の代参で奥女中たちが頻繁に訪れ、また子宝を求める市井《しせい》の女たちで大いに賑わっていた。

特に15代住職・日潤《にちじゅん》は色白で鼻筋の通った美男子の上、説法も歌舞伎の科白《せりふ》を聞くようであったというから、参詣の女は増える一方であった。一説には日潤は、人気歌舞伎役者の初代尾上菊五郎の子供ではないかという噂がある。

『延命院日当話』月岡芳年画。東京都立中央図書館所蔵

当時の歌舞伎役者といえば現在のアイドルのような存在で、江戸中の女が惚れ込み、役者錦絵《ブロマイド》は飛ぶように売れたし、興行《コンサート》は常に満員御礼だった。本当に菊五郎の血縁だったかは確認しようがなく、他人のそら似説も有力である。

真偽はともかくとして、しばらくすると延命院にはよくない噂がたった。日潤が美貌を利用して、参詣の女性を誘っては行為に及んでいるというのだ。

当時、なにごとにも豪奢《ごうしゃ》を好んだ家斉の行いは、社会に大きな影響を与えていた。賄賂《わいろ》が横行し、権力の腐敗が目に余るようになると、その風潮は仏教界にも及んだ。戒律に生きるはずの僧侶が女性を囲い、吉原へ出向いては遊女を買い、酒を楽しんだ。寛政8年（1796）には、70人もの僧侶が女犯《にょぼん》の罪に処せられる恥ずべき事件もあった。

しかし、幕府を驚かしたのはそれだけではなかった。日潤が相手をした女は町娘や後家だけではない。なんと奥女中もが夢中になり、妊娠・堕胎をしているというのだ。奥女中のかかわった事件だけに対応は早急に行わなければならなかった。

僧や役者仲間を誘っての乱行

とはいえ、大奥が絡んだ寺社事件だけに介入は難しい。

幕府が手をこまねいている間も日潤の乱行はやまず、世間は遊廓《ゆうかく》の「女郎部屋」を

日潤の出自をめぐる謎

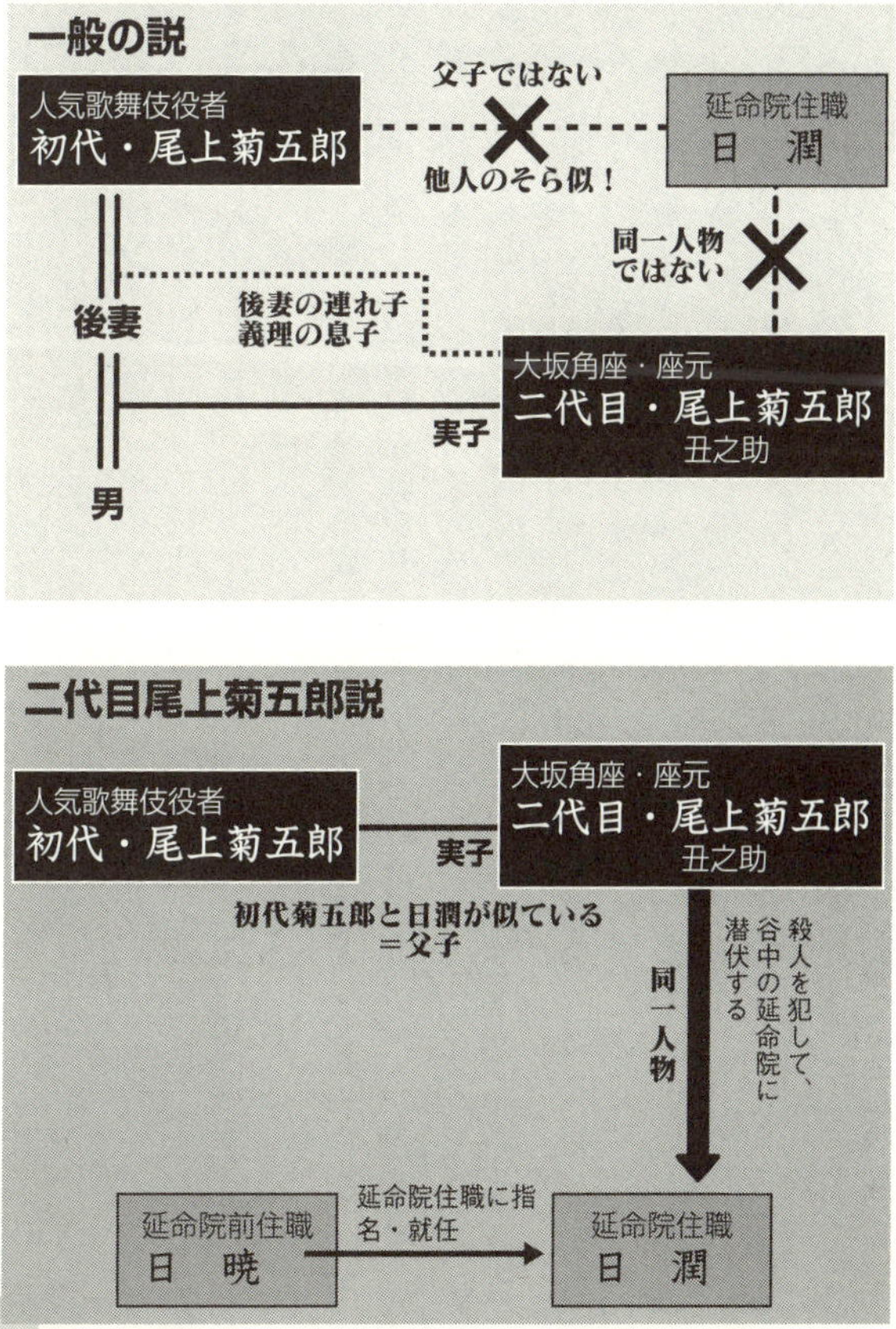
一般の説
人気歌舞伎役者
初代・尾上菊五郎
父子ではない
他人のそら似！
延命院住職
日 潤
同一人物
ではない
後妻
後妻の連れ子
義理の息子
大坂角座・座元
二代目・尾上菊五郎
丑之助
実子
男
二代目尾上菊五郎説
人気歌舞伎役者
初代・尾上菊五郎
実子
大坂角座・座元
二代目・尾上菊五郎
丑之助
初代菊五郎と日潤が似ている
＝父子
同一人物
殺人を犯して、谷中の延命院に潜伏する
延命院前住職
日 暁
延命院住職に指名・就任
延命院住職
日 潤

もじって延命院を「男郎部屋」と揶揄《やゆ》するほどになった。

特に頻繁に延命院に通ったのは御中臈《おちゅうろう》の梅村であった。女中の〝ころ〟が日潤の昔馴染みだったことがわかると、梅村は〝ころ〟を橋渡しに日潤と会うようになったのである。梅村は23歳。男日照りの体は、一度日潤に抱かれると、乾いた砂が水を吸い込むように快楽を求めだした。祈祷が終わると梅村は、日潤の膝にすがり鼻を鳴らしてせがんだという。

また、延命院には柳全《りゅうぜん》という修行僧がいた。彼は御家人の息子であったが、生来の怠け者で身を持ち崩し、延命院に転がり込んだ。柳全は狡猾《こうかつ》な男で、日潤に女を誘惑するとともに金を儲けることを教えたのは、実は彼だったともいわれている。

その手口はというと、参詣の女性の中から目をつけた者に声をかけ、特別な加持祈祷と行うからと別室に誘い入れる。そして、関係しては言葉巧みに彼女たちから寄進の金を取り上げるのである。

それでも一度相手をすると「また逢って、抱いてほしい」とねだられたというから、日潤は相当にセックスが上手だったのだろう。

そのうち奥女中の参詣が増えすぎて、日潤だけでは対応できなくなった。そのため堺町《さかいちょう》や木挽町《こびきちょう》の歌舞伎役者を雇ったり、同じ寺の若い僧を誘ったりして女の相手をさせるようになった。そして、女が妊娠すると薬を使って流産させせたのである。

苦肉の囮捜査

この難事件に乗り出したのが、寺社奉行・脇坂淡路守安董《わきさかあわじのかみやすただ》であった。脇坂家は外様《とざま》大名ながら幕府に願い出て譜代《ふだい》大名となっている。これは「願譜代」と呼ばれ、外様大名であっても血縁関係や幕府への貢献度を考慮して、譜代大名扱いに格上げするというもの。江戸幕府創設以来、わずか6家しか許されていない非常に珍しい家柄である。安董自身も奏者番《そうじゃばん》という難職に抜擢されたほど優秀な男であったが、正攻法では日潤を捕らえられないのは明らかだった。

さらに安董を悩ましたのは、町奉行であれば与力同心《よりきどうしん》といった者を使って潜入捜査ができるが、寺社奉行にはそのような部下がいないことである。

そこで、安董は家臣・三枝右門《さえぐさうもん》の妹（従妹の説もあり）に密命を下し、延命院に忍び込ませた。これが『享和政談』での奥女中「竹川」である。

彼女は奥女中といつわって延命院に参詣した。生来の美貌と豊満な体はすぐに日潤の目に留まり、彼女は別室に誘い入れられる。そこで誘惑されたふりをして、延命院の秘密の抜け道や女中の出入りの実情を聞き出し、動かぬ証拠として奥女中たちが日潤に送った艶書《えんしょ》の束を盗み出した。

享和3年（1803）5月26日未明、脇坂安董自ら馬を駆り、延命院を襲撃した。

日潤と柳全は秘密部屋から逃げるところを見つかり、その日、日潤と一緒にいた町の婦女や奥女中と一緒に捕らえられた。だが、取り調べが進むにつれ困ったのは安董であった。この事件は単なる破戒僧と奥女中の醜聞だけでは済まされなかったのだ。というのは、大御所家斉は日蓮宗信者で、12代将軍家慶《いえよし》は浄土宗信者、そして大奥は日蓮宗と浄土宗に分かれていた。家斉と家慶の争いは避けなければならない。事件を公にするとどこまで波紋が広がるかわからず、いかに辣腕家《らつわんか》とはいえ一介の寺社奉行には手があまった。

結局、日潤に死罪が下された他には、尾張《おわり》・紀伊《きい》・一橋《ひとつばし》の奥女中と町娘ら6人が検挙されるにとどまった。その中には御中臈梅村の女中〝ころ〟も含まれていたが、大奥関係者は彼女だけで、主人である梅村の罪は問われなかった。

なお、日潤を唆し、同時に捕らえられた柳全は〝晒《さら》し〟の上、他寺に引き渡された。申渡書には奥女中の名前はなかったが、その後、梅村とその他ふたりが永の押込《おしこめ》(監禁処分)に、10人がながの御暇《おいとま》になったという。

哀れなのは密偵となった三枝右門の妹であろう。『享和政談』の中で竹川は「髪をおろして菩提のため、尼になる気でございます」と言っているが、現実の三枝右門の妹は自殺したと伝えられる。

さて、最大の功労者である脇坂安董なのだが、なんと寺社奉行を辞職に追い込まれてしまった。これは奥女中の偽りの証言によるものだったが、大奥を敵に回すことはそれほど恐ろしいことであった。だが、延命院事件後も奥女中たちの淫蕩《いんとう》がやむことはなく、むしろ盛んになっていく。

辞職から16年後、安董は再び寺社奉行に起用された。これは大奥と寺社による醜聞があまりに続出したため、業を煮やした家斉の命によるものであった。「坊主殺せば七代祟る」と言われるにもかかわらず、日潤への断罪をためらわなかった男である。安董の復職に破戒僧たちも顔色を失った。

その後、安董は西の丸老中に昇格した。だが、大御所家斉が他界すると、その後を追うように安董も急死した。75歳の高齢であったから寿命であっても不思議ではないが、江戸の人々の間では毒殺説がまことしやかに囁かれたという。

『千代田之大奥』より「お庭の夜桜」部分。
国立国会図書館所蔵

Taboo 27

悪名高い5代綱吉は、病死ではなく刺殺された⁉

開かずの間に出る幽霊！将軍綱吉の刺殺事件の謎

部下の妻や側室、娘を次々と自分のものとした綱吉。プライド高い正室・信子の忍耐は、我慢の限界まで追いつめられていた！

綱吉の異常な好色

徳川歴代将軍の中でも5代綱吉《つなよし》ほど好色だった者はいない。寵臣《ちょうしん》・柳沢吉保《よしやす》を相手に男色《なんしょく》にふけったのは有名だが、女性に対しても相当だった。家臣の忠義心を試すかのように家臣の妻や愛妾、娘に手を伸ばした。その強引なやり方は常軌を逸していた。

知られたところでは、館林《たてばやし》藩家老である牧野成貞《なりさだ》の妻阿久里《あぐり》を見初め、強引に自らの側室とした事件がある。綱吉は成貞の屋敷を訪れた際、さらに娘の安子《やすこ》まで力ずくで犯している。跡継ぎとなる男子を持たない成貞は、娘に婿養子を取らせていた。しかし、このことで夫の成時《なりとき》は憤激のあまり割腹自殺。安子も間もなく病死した。

幕府最初の側用人となり異例の出世を遂げた成貞だったが、綱吉の傍若無人ぶりに耐えかねたのか、「牧野家は自分一代にしたい」と漏らしたという。他にも井上河内《かわちの》守《かみ》の妻が寝取られるなど、公にされないだけでかなりの犠牲者があったという。

ところで、将軍は死去したあともその事実は隠され、約1ヵ月後に公表される。そのほとんどは病死扱いだが、その死に謎が残る将軍がふたりいる。綱吉と13代将軍家《いえ》定《さだ》である。なんと綱吉は女色《にょしょく》が原因で刺殺されたというのである。

追い詰められた正室信子

綱吉の正室は鷹司信子《たかつかさのぶこ》という。彼女は子供に恵まれなかったが、京都から才色兼備と名高い常盤井《ときわい》を呼び寄せ、綱吉の関心を惹いた。一方、世子を授かった側室・お伝《でん》の方は、綱吉の生母である桂昌院《けいしょういん》を味方につけて対抗する。大奥では生母と正室が寵をめぐって熾烈《しれつ》な争いが行われていた。

一方、この時期、綱吉の関心は柳沢吉保の側室・染子《そめこ》にあった。吉保の屋敷に訪れた回数は58回。美人で名高い染子に会うためにお忍びで立ち寄ったのである。染子は懐妊し、吉里《よしさと》を生んだ。表向きは柳沢吉保の子になっているが、その容貌から実は綱吉の子ではないかと疑われた。特に吉保が破格の昇進を果たし、最終的に甲府22万7000石の大名にのぼり詰めると、この噂は信憑性を増した。

さらに染子が睦言《むつごと》でねだったのだろうか、綱吉は吉保に100万石を与えると言い出した。

これに困ったのは信子であった。「側室ならば我慢しますが、染子だけはお慎みください」と何度諫《いさ》めても綱吉は聞く耳を持たない。それどころか口うるさい信子を疎ましく思い、染子へ

綱吉と側室の関係

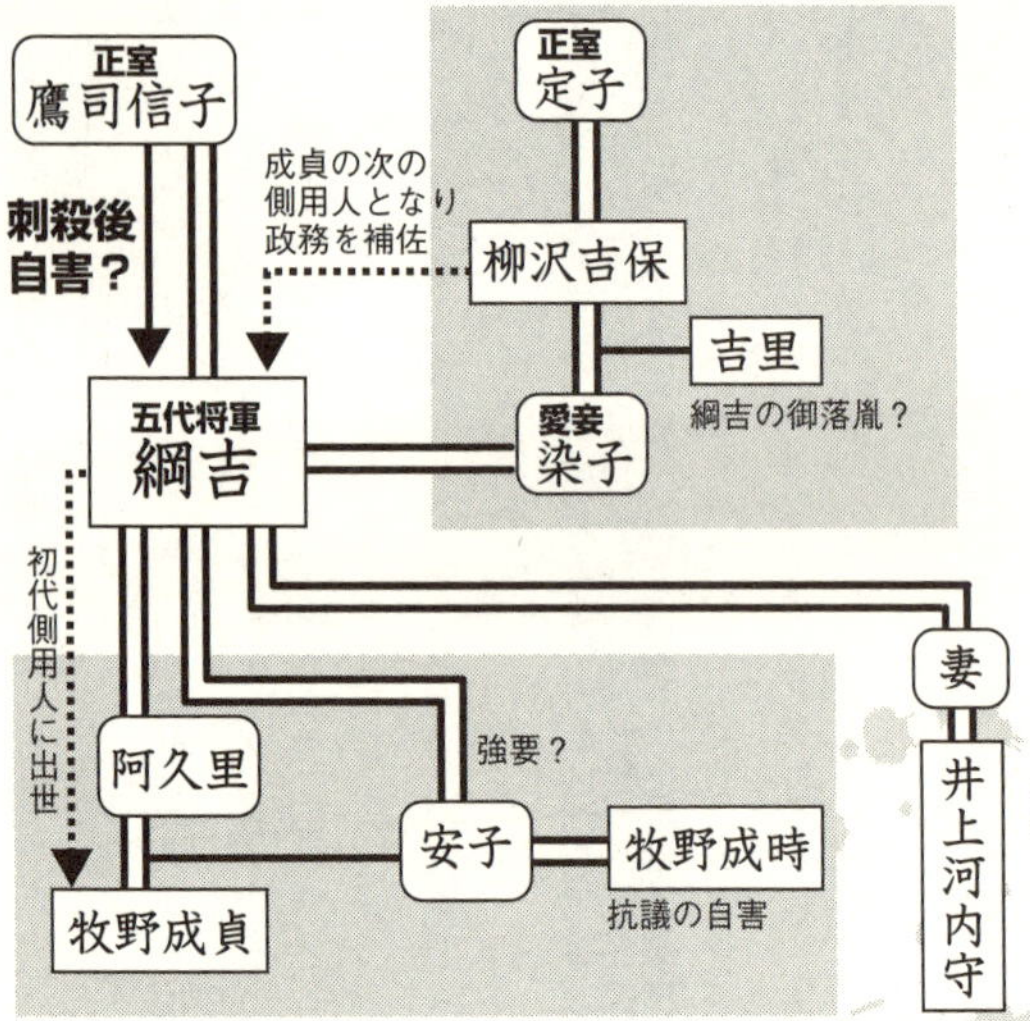

の愛着は増すばかりである。

このままでは吉里が後継者として名指しされる可能性も出てくる。それでは柳沢親子の思うツボだ。忍耐の限界に達した信子は、ついに覚悟を決めた。

宝永6年（1709）1月10日、信子は「宇治の間」に綱吉を呼び出した。そして、短剣で綱吉の胸をひと突きしたのである。信子付きの御年寄《おとしより》が苦痛にのた打ち回る将軍を押さえつけると、信子は冷静に止めを刺した。血に染まった刀を手に取ると、信子はその場で自害した。殺害に協力した御年寄もふたりの後を追い自殺した。

幕府は正妻による将軍の刺殺事件に驚愕し、綱吉の死因は麻疹《はしか》であると発表した。だが、世間の誰もが信じようとはしなかった。続けて信子も麻疹によって逝去したとされると、刺殺事件の噂はますます真実味を帯びて語られた。

血に染まった「宇治の間」は封印され、開かずの間となった。やがてそこに女性の幽霊が出るという目撃談が聞かれるようになる。それは事件を手伝った御年寄であろうと囁かれた。

伝説ではある晩、12代将軍・家慶《いえよし》が「宇治の間」を通りかかったとき、平伏する人影を見た。「あれは誰か」と聞いたところ、お供の者には見えなかった。その後、すぐに家慶は亡くなったという。それは死期が近かった家慶にしか見えない、御年寄の霊だったのかもしれない。

Taboo 28

日本一安全なはずの大奥で起こった複雑怪奇な事件の数々！

怪死・惨殺・嬰児の遺体発見！ 大奥怪事件簿

女の妄執が渦巻く大奥は、魑魅魍魎の住み処といっても不思議ではないほど、陰鬱な場所であったろう。実際、幽霊目撃談や変死事件も伝わっている！

便所で発見された嬰児の死体

江戸時代、庶民が暮らす長屋の便所は汲《く》み取り式の共同だった。床の中央に穴があり、前方の握り棒を持って用を足すのである。では、高貴な人物の場合はどうだったのか。江戸城にあった将軍のトイレは2畳ほどの部屋がふたつ続いており、大便用と小便用に分かれていたという。小用は白木の箱に、大便は溜塗《ためぬり》りの箱にして、あとは小姓《こしょう》が片付ける。これがいちばん衛生的で贅沢なトイレである。

大奥の場合、御台所《みだいどころ》のトイレは将軍が代わるまで排泄物を汲み出さない慣習がある。将軍の寿命がどれほどになるかは当然わからないので、いっぱいになって溢れてしまわないように深さ18メートル以上も掘られていた。

用を足した後はお付きの女中がお尻を拭く。それには高価な吉野紙が使われた。もっとも、世継ぎを生んで御中臈《おちゅうろう》になった者の中には、お尻拭きは自分でするとこの慣習を断ったものも多い。御台所は天皇家、宮家、公家の出身であることが慣例なので、それを不思議とも思わなかったようだが、武家や町屋出身の女性には恥ずかし過ぎたのであろう。なお、大奥でも他の便所は通常の汲み取り式である。

だが、文政5年（1822）、このトイレがスキャンダルの現場となった。汲み取った糞尿の中から出産直後に捨てられたと見られる嬰児《えいじ》の死体が発見されたのである。死体は女の子でへその緒もついたままだった。

この便所にいちばん近いのは、中年寄《ちゅうどしより》の歌《うた》山《やま》の部屋だった。自分の部屋方《へやかた》のしわざであったら監督責任を取らねばならない。騒ぎを聞きつけた奥女

『千代田之大奥』より「元旦二度目之御飯」部分。
国立国会図書館所蔵

中が見物に集まるなか、歌山は上役である御年寄《おとしより》の命令で秘密裏に処理を行った。下掃除人にその死体を城外に運び去らせたのだ。

　男子禁制の大奥で、将軍以外の子を孕《はら》むことなどありえない。歌山は部屋方を呼んで、妊娠の兆候がある者を調べたが誰も該当しない。そのため、出産をすれば乳首の色が変わるからと、御典医《ごてんい》による「乳改め」が奥女中全員に行われるという噂になった。すると、事件の大きさに居たたまれなくなったのか、犯人が名乗り出た。歌山と同役の中年寄初山《はつやま》が抱える下女であった。

　彼女の言い分によると、大奥に上がる前に男と交合を行い、本人も知らないうちに妊娠していたらしい。もともと体格がよかったため、周囲も妊娠に気づかず、本人もいつもと変わらず働いていた。だが、急に産気づき、我慢できずに隣の歌山の便所で子供を産み落としたという。しかも、翌日から水汲みや薪《まき》割りといった力仕事をこなしていたため、誰にも疑われなかったのだ。

　その頑丈さには驚かされるが、他の奥女中たちは騒ぎでも平然としていた、その下女の図太さに非難の目を向けた。それは、男を知らない女たちのやっかみも、多分に含まれていたかもしれない。

　初山は下女をすぐに親元に帰し、下掃除人に大金を払って口止めをした。しかし、現代までこの話が伝わったことを考えると、裏工作も無駄に終わった。

天守台から降ってきた無残な死体

文政の頃には、〝あらし〟という名の御末《おすえ》が行方不明になる事件が起こった。同部屋の女中たちも、最初はどこかで遊んでいるのだろうと気にも留めなかった。しかし、翌朝の昼になっても戻って来ない。さすがにこれはおかしいと、みなで探したがやはり見つからない。そこで翌日、表役人に捜索願が出された。

伊賀者や添番衆《そえばんしゅう》が指揮を執り、20ヵ所以上ある井戸からすべての長局《ながつぼね》、さらには天井裏まで、くまなく捜索された。しかし、あらしの行方は杳《よう》として知れなかった。その後も捜索が続き、大奥では昼夜10人が見張りに立った。

数日後、見張り番が大奥の西北にある天守台下を守っていたところ、「あらしはここに、ここに」としゃがれた声が上空から聞こえてきた。恐る恐る見上げると、血まみれになったあらしの死体が空から降ってきた。

死体は全身を鋭い爪のようなもので掻《か》きむしられ、見るも無残な状態だったという。当時、江戸城の天守閣は焼失し、天守台が残るだけだった。そこから落ちたとしてもたいした高さはなく、これほどの傷はつかない。結局、犯人は見つからなかった。

生前、あらしは「天守台に上ってみたい」と念願していたことから、妖怪か天狗《てんぐ》かの魔物に魅入られたのだろうと女中たちは噂した。

駕籠の中から死体発見

これも文政4年（1821）のこと。御右筆衆《おゆうひつしゅう》の〝おりう〟は部屋の女中に七つ半（午前5時頃）に起こしてくれるように頼んだ。その女中は言いつけを守り、おりうを起こすが、その後いずこかに消えてしまった。

困ったおりうは表役人に捜索願を出し、女中を探させた。〝あらし〟のときと同様に、井戸、縁の下、物置と、大奥内を念を入れて探したが、その行方はわからない。だが、乗物部屋の駕籠《かご》を改めてみたところ、なんと網代《あじろ》駕籠の中から女中の死体が見つかった。

駕籠の下には大量の血が溜まり、死体は仰向けで、陰部は露出されていたという。いつ殺害されたかもわからないほど、無残な状態であった。

この駕籠には上箱がかぶせられ、油単《ゆたん》（湿気や汚れを防ぐための布製の覆い）に包まれていた。さらに乗物部屋には頑丈な鍵がかけられていた。とても自殺とは考えられない状況だが、犯人は見つからなかった。

そこで女中たちは、行方不明時の様子から狐狸《こり》に取り憑かれて殺されたか、妖怪のせいなのだと噂した。あらしの事件でもそうだったが、大奥で起きる不可解な出来事は、たいてい魔物のしわざとして片付けられたのである。

自殺を誘うおせきの霊

実は大奥での自殺はないわけではない。その多くは井戸への身投げだったため、大奥では暮れ六ツ（午後6時頃）になると井戸に鍵がかけられた。

文政4年（1821）、冬のこと。御三の間《おさんのま》を勤める〝おせき〟という女中が突然、自殺した。どんな理由があったかはわからない。彼女は30年以上も奉公を続けたベテラン女中で、安定した暮らしが約束されていたはずだ。

その朝、1階で寝ていた女中は異様な臭気で目が覚めた。起きた途端、悲鳴が止まらなくなった。天井の梁《はり》から血が滴《したた》り、壁や襖《ふすま》を汚していたのだ。恐る恐る2階に行くと、布団に血が染みていた。夜着をそっとずらすと、おせきが懐剣でのどを突いて、そのまま倒れこんでいた。

すぐに奥医師が呼ばれ、検死が行われた。原因は不明なままだが、慣例通り表向きは病死とされ、おせきの死体は駕籠に乗せられ親元に帰された。

だが、事件はこのままでは終わらなかった。その後、この部屋に住む奥女中が理由もなく次々と自害したのである。この奇怪な出来事に、「今もおせきさんの霊が残っていて、自殺させるに違いない」と女中たちは噂し合った。そのため、この部屋を使う者はいなくなり、1階2階とも空き部屋になったという。

世界の後宮
王を彩る花〜オスマン・トルコ
皇帝の母親でも愛妾はすべて奴隷扱い！

1000人を擁した人種混交のハレム

ハンマームと呼ばれる蒸し風呂で豊満な美女たちが寛いでいる官能的な絵画。そのタイトルが『トルコ風呂』であることからもわかるように、18世紀のヨーロッパ人にとって、オスマン・トルコのハレムは大いに好奇心を刺激されるものであった。芸術家はハレムの神秘性から、皇帝（スルタン）と美女たちが夜ごとおりなす退廃的な宴を想像し、絵画や音楽作品のモチーフとしたのである。

オスマン・トルコはアジア・アフリカ・ヨーロッパに領土を広げ、1299年の建国から1922年の帝国滅亡まで、6世紀以上にわたって繁栄を極めたイスラーム国家である。1453年にビザンツ帝国の都・コンスタンティノープルを攻略すると、そこをイスタンブルと改称。メフメト2世がトプカプ宮殿を完成させて以降、代々スルタンの居城として文化の中心となった。

World Topics

海上から見たトプカプ宮殿。

初期のオスマン・トルコはビザンツ帝国やバルカン諸国など、キリスト教国の皇女との結婚に力を入れていた。本来、イスラームでは妻は必ずイスラーム教徒から選ばなければならないが、改宗しなくてもよいという条件をつけてまで政略結婚を続けた。そのため、キリスト教徒の女奴隷を母に持つ君主もいたほどである。実際、歴代のスルタンは白人の妃との結婚を繰り返し、その血はほとんど白人であったため、スルタン自身も自分をトルコ人とは思っていなかったようだ。

また、後宮には戦争で捕虜になった者や貧困のために売られてきた者もいたが、ハレムに入ることは身分の低い女性が豊かな生活を送るためのチャンスでもあった。事実、ビザンツ帝国が滅びてからは白人女性が格段に増えた。特にロシア系の女性は美しかったため、多く集められたという。

ハレムにおける徹底した身分制度

日本の場合、江戸の大奥に入るには一定以上の身分が必要とされた。将軍や御台所《みだいどころ》に謁見できる「御目見《おめみえ》」を望めるのは、基本的には旗本の娘のみである。「御目見」以下であれば町民や農民の娘であっても奉公は可能であったが、そのためには大奥に紹介してくれる縁故がなければならなかった。

コネを繋《つな》ぐために大金を積むことも当然とされており、奉公に上がるだけでも狭き門だったのである。それでも武家や町家の娘にとっては憧れであった。大奥とはそれほど格式の高いものだったのである。

しかし、オスマン・トルコのハレムでは、すべての女性がスルタンの女奴隷という位置づけだった。それは元の身分とは関係ない。彼女たちは嫡男を産んでさえ、生涯奴隷として扱われた。

ハレムの女性は「スルタナ」と呼ばれ、王を彩る〝物〟であった。

これは、かつてスルタンの皇后が誘拐されたことに起因する。犯人は皇后を裸にし、酌をさせるという屈辱を与えた。これを聞いたスルタンは、男の沽券《こけん》を傷つけられたと激怒した。

自分の妻が他の男に汚されるなどあってはならないこと。それ以降、すべての女性は奴隷となった。女奴隷であれば、誘拐され辱《はずかし》められてもスルタンの権威を傷つけないからである。

とはいえ、ハレムの女性たちの生活は悪いものではなかった。ハレムに入るまでに礼儀作法や料理、歌や踊り、詩といった教養を身に付けると、スルタンの住まうトプカプ宮殿の後宮に移される。そこでは10人程度の相部屋で暮らすことになるが、身の回りの世話は侍女がしてくれた。

ハンマームに入り、髪の毛以外すべての体毛を処理し、マッサージを受けて美に磨きをかける、それがハレムの女性の仕事であった。ほかには歌や踊りのレッスンを受けたり、「愛の学校」でスルタンを喜ばせる夜の技術を学んだりして日々を送った。

彼女たちはきらめく宝石とトルコ刺繍のドレスで身を飾った。その豪華さはヨーロッパから訪れた旅行家を「贅の限りを尽くした衣装」「彼女たちは宝石に埋もれている」と驚嘆させるほどであった。これらの財宝の一部は、現在でもトプカプ宮殿の宝物館などで見ることができる。

こうしてめでたくスルタンの愛を受けて寵妃になると、自分の部屋を与えられ側室格となった。さらに嫡男を産んで母后ともなれば、専用の広い住居に移ることができた。大奥でいえば、「お部屋様」に昇格といったところだろう（大奥の場合は、嫡男でなくても男子を産めば個室が与えられたが）。

もちろんハレムでも他の寵妃から尊敬され、権力をふるうこととなる。ただし、その場合もスルタンと正式に結婚するわけではない。母后であっても形式的には身分は奴隷のままであった。この慣例を破って女奴隷から皇后になったのは、スレイマン大帝の夫人・ロクサレーナだけである。

一方、スルタンであってもクルアーン（コーラン）の教えには忠実でなければならない。「複数の妻を持ってもよいが、どの女性に対しても、公平に同じだけの愛を与えなくてはならない」という規律のため、どんなに気に入った女性がいても、手をつけた寵妃たちは平等に扱わねばならない。連続で同じ女性と寝屋を共にすることはかなわず、いつどの女性と会うかは、役人の手で管理されていた。

さらに女性間で争いがあれば、それはスルタンの行いに問題があったとされたため、好き勝手にできるわけではなかった。そのためか、最盛期には100人を超える女性を擁したというハレムがありながら、生涯ひとりの女性しか愛さなかったスルタンも珍しくない。

World Topics

では、スルタンの子どもたちの待遇はどうだったのか。たとえ嫡男として生まれても、決して幸せとはいえなかった。その子は父王が在命している限り、「金の鳥籠」と呼ばれる牢に軟禁される運命にあった。皇子が解放されるのは、自身がスルタンになるときか死ぬときだけである。この孤独に耐えられず、発狂する者もいたという。

皇女であった場合、彼女たちは宮廷内で正式な教育を受けた。だが、これは将来の政略結婚に備えてである。年のいった高官と結婚させられた皇女たちは、若くして未亡人になることが多かった。

これを哀れみ、ハレムの改革が進むと皇女たちは自分で結婚相手を選べるようになった。スルタンになれなかった皇子たちの悲惨な末路に対して、皇女たちは当時のイスラーム社会の中で驚くほど自由に生きることができた。

もちろん不幸にしてスルタンのお手つきにならなかったり、子を産めなかったりした者たちもいる。彼女たちは皇帝の重臣に払い下げられることもあったが、その多くは皇帝の死とともに離宮に移り、少なくない年金を与えられ静かな余生を送ることを許された。

●写真提供・協力一覧（順不同・敬称略）
阿倍王子神社
大阪城天守閣
国際日本文化研究センター
国立国会図書館
東京都立中央図書館　特別文庫室
東北大学附属図書館
長崎市さるく観光課
名古屋市博物館／名古屋市教育委員会
フォトライブラリー

●参考文献一覧

『徳川実記』黒板勝美・国史大系編修会編、吉川弘文館／『豊臣秀吉事典 コンパクト版』新人物往来社／『完訳フロイス日本史』ルイス・フロイス、中公文庫／『近世風俗志』喜田川守貞、岩波文庫／『日本古典文学大系 日本書紀』岩波書店／『古事記』岩波文庫／『江戸牢獄・拷問実記』横倉辰次、雄山閣／『大奥の秘事』高柳金芳、雄山閣／『江戸の性愛術』渡辺信一郎、新潮社／『咎なくて死す いろは歌にこめられた遺書』篠原啓介、心交社／『世界史 読めば読むほど恐ろしい話』桐生操、PHP研究所／『世界禁断愛大全』桐生操、文藝春秋／『処刑台から見た世界史』桐生操、あんず堂／『「悪所」の民俗誌』沖浦和光、文春新書／『エソテリカ38 性愛術の本』学研／『江戸の性風俗 笑いと情死のエロス』氏家幹人、講談社現代新書／『江戸三〇〇年吉原のしきたり』渡辺憲司、青春出版社／『九代将軍は女だった！』古川愛哲、講談社＋α新書／『マダム・クロード 愛の法則』クロード・グリュデ、光文社／『731石井四郎と細菌戦部隊の闇を暴く』青木冨貴子、新潮文庫／『七三一部隊　生物兵器犯罪の真実』常石敬一、講談社現代新書／『医学者たちの組織犯罪ー関東軍第七三一部隊』常石敬一、朝日文庫／『飢饉の社会史』菊池勇夫、校倉書房／『寄生虫との百年戦争ー日本住血吸虫症・撲滅への道』林正高、毎日新聞社／『風土病との闘い』佐々木学、岩波新書／『切支丹時代ー殉教と棄教の歴史』遠藤周作、小学館ライブラリー／『日本キリシタン物語』田中将、角川新書／『日本史リブレット34　秀吉の朝鮮侵略』北島万次、山川出版社／『日本史リブレット37　キリシタン禁制と民衆の宗教』村井早苗、山川出版社／『日本史リブレット46　天文方と陰陽道』林淳、山川出版社／『「お伽草子」謎解き紀行』神一行、学研M文庫／『たけみつ教授の日本神話と神々の謎』武光誠、リイド文庫／『読むだけですっきりわかる直江兼続』後藤武士、宝島SUGOI文庫／『後宮の世界』堀江宏樹、竹書房文庫／『日本残酷物語』平凡社／『憑霊信仰論』小松和彦、講談社学術文庫／『病が語る日本史』酒井シヅ、講談社学術文庫／『吉原と島原』小野武雄、講談社学術文庫／『日本神話事典』大和書房／『日本の名城・古城事典』ＴＢＳブリタニカ／『日本架空伝承人名事典』平凡社／『現代こよみ読み解き事典』柏書房／『再現日本史』講談社／『図説 大奥のすべて』学研／『図解 大奥のすべてがわかる本』PHP研究所／『図解 歴史をつくった7大伝染病』PHP研究所／『図解 花のお江戸の色模様』総合図書／『図解 大奥色とミステリー』総合図書／『図解 戦国ミステリー』総合図書／『あっと驚く！「値段」の日本史』宝島社本書は書き下ろし文庫です。

執　筆
小田真理子
Oda Mariko
福岡県出身。文化人類学に関心があり、数度の転職を経てフリーランスのライターとなる。性文化から歴史・宗教まで幅広いジャンルで活動。共著に『神社とお寺の基本がわかる本』(宝島SUGOI文庫)、『図解 地図と写真でめぐる 京都の歴史』(綜合図書)などがある。

編集・DTP
別冊宝島編集部
(株)グレイル 石川夏子・及川有加子
原田あらた

宝島
SUGOI
文庫

タブーの日本史 消された「過去」を追う
（たぶーのにほんし けされた「かこ」をおう）

2009年4月18日　第1刷発行

編　者　別冊宝島編集部
発行人　蓮見清一
発行所　株式会社 宝島社
〒102-8388　東京都千代田区一番町25番地
電話:営業 03(3234)4621／編集 03(3239)5746
http://tkj.jp
振替:00170-1-170829(株)宝島社
印刷・製本　中央精版印刷株式会社

乱丁・落丁本はお取り替えいたします

ISBN 978-4-7966-7004-3